Bernadette und Klaus Rüggeberg
mit Rebecca, Esther, Lea und Laura

Plötzlich tot

Bernadette und Klaus Rüggeberg
mit Rebecca, Esther, Lea und Laura

Plötzlich tot

Als Familie weiter leben

KREUZ

MIX
Papier aus verantwor-
tungsvollen Quellen
FSC® C106847

© KREUZ VERLAG
in der Verlag Herder GmbH, Freiburg im Breisgau 2013
Alle Rechte vorbehalten
www.kreuz-verlag.de

Umschlaggestaltung: HerderVerlag
Umschlagfoto: © privat

Satz: de·te·pe, Aalen
Herstellung: fgb · freiburger graphische betriebe
www.fgb.de

Printed in Germany

ISBN 978-3-451-61175-9

Inhalt

Vorwort   7

1. Das Entsetzen
   Die Todesnachricht   9

2. Die ersten Tage
   Bis zur Beerdigung   22

3. Die Macht der Dinge
   Der Nachlass   35

4. Rückzug
   Alles ist zu viel   44

5. Trotzdem Alltag leben
   Arbeit und Freizeit   58

6. Die Macht der Geschichten
   Vom Sammeln der Erinnerungen   71

7. Wo ist Hilfe?
   Rat und Trauerbegleitung   81

8. Die Trauer der anderen
   Gemeinsam und doch allein   97

9. Die Macht des Unbewussten
   Träume und andere Boten   108

10. Der Trost der unsichtbaren Welt
Die Kraft des Himmels   122

11. Ortswechsel
Vom Reisen   140

12. Briefe an Tobias
Wir werden uns wiedersehen   146

Dank   173

Hintergrund der AutorInnen   174

Vorwort

In Deutschland sind im Jahr 2010 über 20 200 Menschen durch Unfälle gestorben. Bei Verkehrsunfällen, bei Arbeitsunfällen, zu Hause, auf dem Weg zur Schule oder beim Sport. Sie alle waren plötzlich tot und hinterließen Angehörige und Freunde, die einen schrecklichen Verlust erlitten. Niemand kann sich auf so ein Ereignis vorbereiten. Auch Tobias – Sohn, Bruder, Vater, Freund – starb 2010, allerdings taucht sein Unfall in der deutschen Statistik nicht auf. Er verunglückte im Urlaub, in Ägypten. 30 Jahre ist er alt geworden.

Als das Familienfoto vorne auf dem Buch entstand, hat keiner von uns damit gerechnet, dass es unser letztes Foto werden sollte. Wir hatten so viel Spaß. Es war ein richtiges Fotoshooting und das Spiel mit der Inszenierung gefiel uns allen gut. Heute sehen wir alle dieses Bild mit ganz anderen Gefühlen an.

In diesem Buch wollen wir als trauernde Familie beschreiben, wie wir die ersten beiden Trauerjahre nach dem Einbruch dieser entsetzlichen Nachricht in unser Leben überstanden haben, wie wir langsam, ganz langsam, lernten mit dem Schmerz ins Leben zurückzufinden. Ein Prozess, der immer noch andauert. Wir, das sind Bernadette und Klaus (die Eltern), Rebecca, Esther und Lea (die Schwestern) und Laura, Tobias' kleine Tochter. Wir alle schreiben aus unseren verschiedenen Blickwinkeln, die sich teils ergänzen, teils andere Aspekte hinzufügen. Denn jeder und jede trauert anders – auch in einer Familie.

Jedem Kapitel sind Auszüge aus Briefen, Mails und Gedanken von Menschen vorangestellt, die uns geschrieben und mit ihren Worten getröstet haben. Vielleicht können ihre Worte Anregung sein für die Tröster, die morgen und übermorgen von anderen Trostlosen gebraucht werden. Genauso hoffen wir, dass die Ideen, die wir am Schluss eines jeden Kapitels zusammengetragen haben, die bei uns als »Trost in der Trostlosigkeit« wirkten, auch anderen Menschen weiterhelfen können.

So sind eigentlich die Tröster die ersten Adressaten dieses Buches, sowohl solche, die trauernde Menschen als Freunde und Verwandte begleiten, als auch diejenigen, die beruflich mit Trauernden zu tun haben. Denn die Tröster haben eine lebenserhaltende Funktion für die Trostlosen, das haben wir erlebt. Sie tragen die Betroffenen in den ersten Wochen und Monaten durch ihre Verzweiflung, sie sind Boten der Liebe, die die Trauernden behutsam umgibt und unterstützt. Und es ist oft gar nicht so schwer zu trösten.

Darüber hinaus aber soll das Buch auch denen stellvertretend eine Stimme geben, die selbst betroffen sind, deren Leben durch einen plötzlichen Tod und den Verlust, den das bedeutet, zusammengebrochen ist. Es kann – so hoffen wir – Mut machen, trotz allem weiterzuleben und dieses Buch durch das eigene Erleben gewissermaßen fortzuschreiben.

Köln/Aachen/Berlin
Bernadette und Klaus Rüggeberg
mit Rebecca, Esther, Lea und Laura

1. Das Entsetzen
Die Todesnachricht

Aus den Trostbriefen

Oh nein, Klaus, Bernadette ... Wir haben noch bei Olaf und Carsten von Eurem Sohn und Enkelchen gesprochen. Oh mein Gott ... Können wir irgendetwas für Euch tun? Einen Topf Suppe kochen, Euch in den Arm nehmen??? Egal was, wenn wir irgendwie unterstützen können, sagt Bescheid. *Freunde der Eltern*

Wie tief erschüttert, geschockt und verzweifelt müsst Ihr sein, Euren so strahlenden Sohn und Bruder auf solch tragisch unglückliche Weise zu verlieren.

Solch ein Geschehen kennt man nur aus den Medien, doch niemand erwartet es in der eigenen Nähe. Das Schlimmste, was wir Eltern erleben können, ist doch, ein Kind zu verlieren. Da scheint einem der Boden unter den Füßen entzogen zu werden. Dieser Schmerz ist kaum auszuhalten. So gerne würden wir Euch Trost spenden, doch die richtigen Worte zu finden, die Eure Tränen trocknen, fällt nicht leicht. Wahrscheinlich gibt es diese zurzeit auch kaum. Alle Worte der Anteilnahme können Euch sicherlich im Moment nicht über diesen schweren Verlust hinweghelfen. *Schwiegereltern der Tochter*

Wie ohnmächtig und fassungslos steht man da und will es einfach nicht wahrhaben. Ich war geneigt, sofort ins Auto zu steigen und zu Euch zu fahren – nur um zu zeigen, wir sind da – aber ich war mir so unsicher. So habe ich nun selbst noch mal Eure Mail gelesen und den Satz »Ihr werdet von uns hören« so gedeutet, dass es angesagt ist, Euch in Gedanken ganz fest in die Arme zu schließen und Eure ganze Not und Trauer Gott vor die Füße zu werfen und ihn um ganz viel Kraft und Trost zu bitten. Ja, das werden wir tun! *Freunde der Eltern*

Wie sehr ich mitfühle. Wie ich dieses Loch sehe, das sich so plötzlich aufgetan hat und das das Leben zu verschlingen droht. Wie sich die Sonne verdunkelt und die Natur stimmlos geworden ist. Wie der feste Boden unter den Füßen ins Wanken gerät, alles unsicher und haltlos scheint. Wie über allem die bohrende Frage steht: »Warum?« – Es kommt keine Antwort, es gibt keine Antwort. Es hilft nur das Sich-Fügen, das Annehmen. Und man kann selber das Furchtbare in etwas Fruchtbares umwandeln. Stückchen für Stückchen gelingt es, den Teppich des Lebens neu zu weben, die Akzente neu zu setzen, den Schmerz mit einzuweben, ihn nicht zu vergraben, ihn aber auch nicht bestimmend werden zu lassen.

Es zeigt sich ein neues Bild, das Kraft gibt. Der Tod ist nicht sinnlos, es sei denn, man ließe ihn triumphieren. In seiner Tochter lebt ein Stück Deines Sohnes weiter, ebenso in deinen Kindern und Enkelkindern. Überall wirst Du ein wenig von ihm wiederfinden und ihn so nahe haben. Möge Gott Dir den Weg aus der Verzweiflung zeigen und Dich stärken. Mögen Dir die vielen Erinnerungen Trost und nicht Trauer sein. *Eine Arbeitskollegin*

Es ist wirklich unfassbar traurig. Ich würde gern was Schlaues sagen, aber hier fehlen sogar mir die Worte. Gern wäre ich jetzt bei Euch. Ich kann mir denken, dass Ihr wohl nach dem wahrscheinlich sehr turbulenten Wochenende Ruhe braucht. Deswegen schreib ich auch nur eine Mail und ruf nicht an. Wenn Du mal sprechen magst, bin ich gern da. Bewahrt Euch die Erinnerung und den Zusammenhalt in Eurer Familie. Es ist mit dem Verlust etwas sehr Seltenes und Schönes?! Bitte fühlt Euch den Abschiednehmenden gegenüber nicht verpflichtet und denkt an Euch, wenn es nicht mehr geht, das wird Euch keiner übel nehmen. *Freund einer Tochter*

Perspektiven der Trauer

Bernadette – die Mutter

Im Rückblick beginnt der plötzliche Abschied von Tobias schon einige Tage vor dem Tag des Unfalls: Ich hatte wie jedes Jahr für das Rundschreiben, das ich im Dezember in unserem Verband verschicke, ein Motto gesucht, einen Satz, der für das neue Jahr eine Weisung sein könnte, und war bei Frère Roger fündig geworden: »Die Vergangenheit liegt in Gottes Hand und der Zukunft hat er sich schon angenommen.« – Wie immer hatte ich diesen Gedanken eher für die ausgesucht, die mir viel bedürftiger und suchender erschienen, als ich es bin. Damals empfand ich mich auf der Sonnenseite des Lebens.

An dem Tag, als Tobias sich in den Urlaub nach Ägypten aufmachte, eine Woche vor seinem Tod, erreichte ich ihn bereits im Flugzeug sitzend noch auf dem Handy: »Ich wünsche euch einen paradiesisch schönen Urlaub in Ägypten, vergiss all deine 1000 Verpflichtungen und genieße das Leben.« Das waren meine letzten Worte an ihn.

In der Todesstunde von Tobias, am 19. November 2010 um 22.00 Uhr, saßen wir mit Freunden zusammen. Unvermittelt überwältigte mich eine für alle wahrnehmbare tiefe Traurigkeit, als ich von Tobias und seiner neunjährigen Tochter Laura erzählte. Trotzdem ahnte ich natürlich nichts. Der 20. November 2010 war entspannt und fröhlich: Plätzchen backen mit der Kleinen. Abends mit Klaus ein Besuch im Kabarett. Wir schliefen, wie so oft nach unseren bewegten Wochenenden, erfüllt ein. Gegen 3.00 Uhr in der Nacht läutete es an der Haustür. Es war unsere Tochter Lea mit ihrem Partner. Lea war aufgelöst. Sie bat uns, auf der Couch Platz zu nehmen. Und dann brach es aus ihr hervor: »Es ist etwas Schreckliches passiert, Tobias ist tot. Er ist in Ägypten auf dem Weg zurück von den Pyramiden bei einem Busunglück ums Leben gekommen, seine Freundin ist leicht verletzt und liegt im Krankenhaus.«

Ich brach innerlich zusammen. Vor meinem inneren Auge sah ich einen schwer verletzten, leblosen Körper meines Sohnes. Musste er in Staub und Schmutz liegend qualvoll leiden? Was waren seine letzten angstvollen Gedanken? Dann die verzweifelte Hoffnung: Vielleicht haben sie sich geirrt? Wie wollen sie sicher wissen, dass es mein Tobias und nicht ein anderer der 50 Reisenden ist? Doch die Faktenlage sprach gegen diese Hoffnung. Ich hatte sofort das Verlangen, mit meinen anderen beiden Töchtern zu sprechen. Rebecca, 28 Jahre, lebte mit ihrem Mann und ihrer Tochter in Kanada, und Esther feierte eine Geburtstagsparty im Ruhrgebiet. Lea übernahm den Anruf bei Esther, und ich wählte völlig aufgelöst die Nummer von meiner Tochter Rebecca in Kanada. Ihre heitere Stimme meldete sich. Ohne Umschweife brach die Todesnachricht aus mir heraus. Rebecca schrie auf, weinte, dann legte sie unvermittelt auf. Kurze Zeit später holte ihr Partner alle Informationen ein, die Rebecca nicht mehr erfragen konnte. Ihr Schrei hallt noch heute in mir nach. Viel unmittelbarer, als ich es in meiner Erschütterung vermochte, brachte sie ihr Entsetzen zum Ausdruck. Esther sah ich eine Stunde später auf dem Parkplatz gegenüber unseres Hauses weinend in den Armen von Lea. Sie hatte gemeinsam mit ihrem Lebensgefährten das Fest nach dem Anruf sofort verlassen.

Wir versammelten uns dann zu sechst in unserem nächtlich-kalten Wohnzimmer, rückten die Sessel zusammen, suchten unsere spürbare Nähe, sprachen wenig und weinten. Ich musste immerzu an Tobias' Tochter Laura denken, die unter der Woche bei ihrer Mutter lebt, am Wochenende aber bei ihrem Papa. Sie würde nun ohne ihn ihr Leben meistern müssen. Mein eigener Schock und meine Ohnmacht wurden völlig von Sorgen über Lauras Zukunft zugedeckt. Meine Fantasien waren so düster und bedrohlich. Ich redete in einem fort über Laura: Wie konnte sie sich ohne Vater lebensfroh entwickeln, was würde sie alles vermissen müssen, wenn sie sich mit den Familien ihrer Freundinnen verglich, welche Einsamkeit wird sie erfahren, was würde dieser Verlust für ihr Selbstbewusstsein und für ihre innere Stabilität, die sie zum Überleben braucht, bedeuten? Hatte sie es nicht ohnehin schon schwerer als andere? Gleichzeitig erfasste mich tiefe Dankbarkeit, dass es Laura gab. Von mir selbst spürte ich nur wenig. Meine Gefühle als Mutter eines optimistischen und lebenstüchtigen jungen Mannes waren wie auf Eis gelegt und stumpf. Nur eine Angst erfasste mich rasch. Ich wusste plötzlich nicht mehr, wie Tobias aussah, konnte ihn mir nicht vorstellen, meinen hochgewachsenen, lockeren und attraktiven Sohn. Fotos mussten gefunden werden. Immer wieder sah ich mir die letzten Aufnahmen an, als könnte ich ihn auf diese Weise festhalten und den Sog in den bodenlosen Abgrund aufhalten. Ich fror, die innere und äußere eisige Kälte dieser Nacht füllte die Stille und blieb als stärkste Erinnerung haften.

Langsam drangen die ersten Lichtstrahlen des Tages ins Wohnzimmer. Mit Tagesanbruch begann mein Pflichtbewusstsein mir eine erste Liste an Aufgaben zusammenzustellen. Ein völlig neues und total ungefühltes Leben trat wie von außen gesteuert seinen Dienst an und holte mich aus meiner ersten Dunkelheit in einen unbekannten Alltag. Meine Aktivitäten verdrängten immer wieder für Sekunden meinen tiefen Schmerz.

Die weitere Familie musste informiert werden, seine Tochter, ihre Mutter, die Großmütter. Durch ein Telefonat mit meiner Mutter erfuhr ich dann am Nachmittag, dass meine Schwester, aufgehalten von der schrecklichen Nachricht, viel zu spät in den Sonntagsgottesdienst kam. Die ersten Worte, die sie auffing, waren die letzten der Evangeliumlesung: »Wahrlich, ich sage dir, noch heute wirst du mit mir im Paradiese sein.« Für sie war klar, das galt Tobias.

Diese Botschaft berührte sofort mein Herz. Tobias hatte sein Leben lang in der Begegnung mit Menschen im Alltag, auf seinen Reisen und in einsamer Natur von Alaska bis Sibirien das Paradies gesucht. Er war auf dieser Spur wie ein Getriebener. Ungewöhnliche Wege ließen ihn ungewöhnliche Erfahrungen sammeln, die ihn immer wieder sehr erfüllt nach Hause brachten. War dieser Zuspruch seine erste verbindende Botschaft an uns alle?

Die biblische Zusage deckte sich gleichzeitig mit meiner scheuen, inneren Gewissheit. Er ist in einer anderen Welt, von der ich keinerlei Vorstellung habe, angekommen und gut aufgehoben. Wir waren uns sofort einig, dieser Zuruf gehört auf die Todesanzeige, er ist nicht nur für uns, sondern für alle bestimmt, die ihm begegnet sind. Am Nachmittag trafen die ersten Freunde ein, nur wenige waren wir in der Lage zu begrüßen. Unsere »Schwiegersöhne« nahmen vielfach die einfühlsamen Worte entgegen und gaben uns die liebevollen Gedanken und Gesten weiter. Schon am frühen Abend fiel ich völlig erschöpft in einen traumlosen Schlaf, der nur kurz währte.

Die Dunkelheit der Nacht zog mich an, ließ mich immer wieder aufwachen, aufstehen, zum sternenklaren Himmel schauen und Tobias verzweifelt im Universum suchen. Diese Himmelssuche brachte mich wieder mit meiner vor 16 Jahren verstorbenen Freundin Elisabeth in Berührung. Die Betrachtung der Sterne beruhigte und tröstete mich damals schon. Sie verwies mich auf die Unendlichkeit, auf ein Denken und Erfahren über alles Irdische hinaus, zeigte mir immer wieder, wie eng und klein meine Vorstellungskraft ist, und holte mich für Augenblicke aus meinem tiefen, haltlosen Abgrund, um wieder in einen kurzen Schlaf fallen zu können.

Klaus – der Vater

Ich werde diese Nacht nie vergessen – Lea mit der Todesnachricht. Ich konnte ihr zunächst kaum glauben. Zu unwirklich und unfassbar wirkte das alles auf mich. Sie hatte die Telefonnummern von Polizei, vom Landeskriminalamt und dem Honorarkonsulat von Hurghada. Ich habe sie alle angerufen, noch mitten in der Nacht, in der Hoffnung, es handele sich um ein Versehen und im allgemeinen Durcheinander habe man die Personen verwechselt. Aber jeder Gesprächsteilnehmer, die alle erreichbar waren, äußerte als Erstes sein Beileid. Und die weiteren Details, die sie mir mitteilten, zwangen mich dazu, den Tod von Tobias als Tatsache anzuerkennen.

Eine solche Verzweiflung, ein derartiges Gefühl der Hilflosigkeit und Leere habe ich niemals zuvor empfunden.

Unsere Heizung arbeitete im sparsamen Nachtmodus, die Kälte griff nach uns. Wir machten den Kaminofen an, und das Feuer wärmte wenigstens unsere klammen Glieder. Aber die Seele? Nichts vermochte mich innerlich zu erwärmen: Unser Sohn war tot, und was das bedeutete, konnte niemand überschauen. Es war rettend, dass die Familie da war. Wir hielten uns in dieser ersten Nacht nur aneinander fest. Trost? Es gab keinen Trost.

Was bedeutet es überhaupt, jemanden zu trösten? Was bedeutet, einander zu trösten, und erst recht, sich selbst zu trösten? Das Wort »untröstlich« hat seine Berechtigung, gut, dass wir es in unserem Wortschatz haben. So fühlte ich mich: untröstlich.

Ohne Hoffnung, dass die Lebenssituation sich bessert. Untröstlich: Worte tragen nicht, Gesten erreichen nicht, der Glaube an Gott schwindet. Ich war auf mich zurückgeworfen – das ist untröstlich. Unser geliebter Sohn würde nicht zurückkehren, sosehr ich es auch wünschte! Eine innere wie äußere Lähmung, gegen die sich zu wehren mir unmöglich schien, ergriff Besitz von mir. Nie zuvor fühlte ich mich derart hilflos, nie zuvor einer Traurigkeit so ausgeliefert.

Die Nacht selbst schenkte uns großzügig einige Stunden

Zeit, die wohltat. Noch wusste niemand von unserem Verlust, noch waren wir allein damit, noch saßen wir zusammen in der Intimität der Kleinfamilie.

Am nächsten Tag dann mussten wir die schreckliche Nachricht weitererzählen. Wie macht man das, wenn das eigene Entsetzen das Größte ist, was man besitzt? Wir wussten nicht mehr, was angemessen war. Für unser Enkelkind fanden wir bestimmt nicht die richtigen Worte. Wie erzählt man einem 9-jährigen Mädchen, dass es seinen Vater verloren hat? Wir weinten, wir waren außer uns. Wir waren nicht imstande, uns zu trösten, und konnten auch Tobias' Kind keinen Trost spenden.

Dann die Freunde. Die wichtigsten informierten wir selbst. Die Nachricht verbreitete sich rasend schnell. Viele Menschen riefen uns an oder kamen persönlich vorbei. Manche Nähe war wohltuend, andere bedrängten uns mit ihrer Anteilnahme. Wir spürten genau, welche Menschen uns stärkten und von welchen wir uns keine wirkliche Unterstützung versprachen. Es war nicht leicht, das zu vermitteln.

Wir stellten den Klingelton des Telefons leiser und versuchten uns, so gut es ging, abzuschirmen. Telefonieren war an diesem ersten Tag sehr anstrengend, viel lieber war uns, auch später, wenn Menschen uns schrieben. Dann, die erste Nacht: Ich war schrecklich erschöpft von der durchwachten Nacht zuvor, von den Tränen, die zwar etwas Spannung aus mir herausnahmen, aber zugleich enorm ermüdeten. Ich ging früh zu Bett. Zunächst konnte ich auch schlafen, aber dann, mitten in der Nacht, wachte ich auf, bitterlich weinend, und dieses Weinen ging in ein Schreien über, das die ganze Verzweiflung und Ohnmacht zum Ausdruck brachte. Geschrien habe ich in den folgenden Monaten noch oft. Es war ein Weg, mich von dem Druck und der

Spannung, die in mir wirkten, zu befreien. Dafür suchte ich Orte, an denen ich allein war und wo mich niemand hörte.

Ich schlief vielleicht fünf Stunden, genug, um ein wenig Kraft zu schöpfen, zu wenig, um mich gestärkt zu fühlen. Vieles, was sonst große Bedeutung hat, wird in solchen Tagen unwichtig, so auch der Schlaf. Das Angebot eines befreundeten Arztes, Medikamente zur Beruhigung zu nehmen, schien uns ebenso wenig hilfreich wie der Genuss von Alkohol. Wir wollten uns spüren, so schmerzhaft es auch war, Medikamente und Alkohol würden, so unsere Befürchtung, das Bewusstsein dämpfen und die Wirklichkeit, wie wir sie erlitten, künstlich verändern.

Lea – eine Schwester

Seit mein Bruder nicht mehr da ist, ist nichts, wie es einmal war: Am Sonntag, dem 21. November 2010 klingelte es um ein Uhr nachts an meiner Wohnungstür. Ich hatte gerade ein Skype-Gespräch mit einer Freundin beendet. An der Sprechanlage: »Polizei Aachen, können wir hochkommen?« Nicht wissend, was ich mir hatte zuschulden kommen lassen, bat ich die Polizei ins dritte Stockwerk. Schmunzelnd standen mein Freund und ich am Wohnungseingang und warteten gespannt darauf, was uns vorgeworfen wurde. Der ernste Blick der Polizisten hätte mich warnen müssen, aber zu sehr erinnerte alles an eine Szene aus dem »Tatort«. Es war irgendwie unwirklich: »Frau Rüggeberg, wir würden uns gerne setzen. Und Sie sollten sich auch setzen.« – »Nein, ich bleibe lieber stehen.« Keiner saß, alle standen wir in der Küche, die beiden Polizisten, mein Partner und ich. Plötzlich fiel es mir unheimlich schwer zu atmen, als hätte ich es verlernt. »Frau Rüggeberg, wir müssen Ihnen mitteilen, dass Ihr Bruder bei einem Unfall tödlich verunglückt ist«, sagte der eine Polizist mit leiser Stimme. Mein Freund verstand sofort und suchte meine Nähe. Ich war verunsichert, blieb aber cool; das konnte ja gar nicht stimmen, schließlich war Tobi ja in Ägypten im Urlaub. Doch der Polizist erwiderte: »Ja, genau: in Ägypten bei einem Busunfall.« Und als würde es sich um einen flüchtigen Bekannten handeln, blieb ich ruhig und stellte wohlüberlegte Fragen: »Wie konnte das passieren?«, »Wo ist das passiert?«, »Was ist mit seiner Freundin?« Je besser und detaillierter der Polizist auf diese Fragen antworten konnte, desto glaubwürdiger wurde seine Geschichte. Mit einem Mal brach ich in Tränen aus. Die Polizisten waren voller Mitgefühl. Gefühle und Gedanken überschwemmten mich, die mit Worten nicht annähernd beschrieben werden können.

Ich ging ans Telefon, um meine Eltern in Köln anzurufen. Aber der Polizist intervenierte: Sie wüssten nicht, ob meine Eltern schon informiert seien. Ein Streifenwagen sei auf dem Weg zu ihnen. Ich solle abwarten, bis sie sich bei mir meldeten. Ein gut gemeinter Ratschlag. Aber ich spürte, dass dies eine Art »Auftrag« von Tobias war, den es wahrzunehmen galt. Meine Eltern hatten gelegentlich davon gesprochen, wie unerträglich für sie die Vorstellung sei, dass Polizisten vor ihrer Tür stehen könnten, um ihnen die Nachricht vom Tod eines ihrer Kinder zu übermitteln. Ich wollte meinen Eltern die furchtbare Nachricht selber überbringen. Vielleicht hatte mein Bruder es so »eingefädelt«, weil er wusste, dass ich in der Situation – im Nachhinein für mich nicht mehr nachzuvollziehen – auf mein Gefühl vertrauen, mich gegen die Bedenken der Polizisten durchsetzen und meinen Eltern die Nachricht von Tobias' plötzlichem Tod überbringen würde. Und so kam es.

Auf dem Weg zum Auto hätte ich mich beinahe übergeben. Als Einzige der Familie von Tobias' Tod zu wissen, war eine solche Qual. Die sechzigminütige Fahrt war ein Albtraum. Völlig aufgelöst klingelte ich bei meinen Eltern Sturm. Ich konnte es kaum ertragen, dass mein Vater mich gleich in den Arm nahm. Er wusste doch noch gar nicht, was los war. Er tröstete mich, nicht wissend, was er jeden Moment würde erfahren müssen. Und dann ging wieder alles ganz schnell. Ich musste mich mehrfach wiederholen, weil mein Vater mich nicht verstanden zu haben schien. Meine Mutter war wie gelähmt, geradezu komatös, nicht anwesend. Mein Vater schrie immer wieder durch das ganze Haus: »Mein Junge ist tot, mein Junge ist tot.« Es war schrecklich.

Esther und ihr Freund kamen später noch dazu. Wir saßen dann die ganze Nacht beieinander, trösteten uns, schrien, weinten laut oder leise, suchten die Nähe der anderen. Es waren entsetzliche, wichtige Stunden, in denen wir als Familie mit unserer Trauer allein sein konnten. Denn wir wussten: Am Morgen würden wir die schreckliche Botschaft von Tobias' Tod weitersagen müssen.

Trost in der Trostlosigkeit

- **Trauernde** haben den Eindruck, dass nichts und niemand sie wirklich trösten kann.
- Trauernde drücken ihre Verzweiflung ganz unterschiedlich aus: weinen, schreien, verstummen, weggehen, zurückkommen, umarmen, allein sein, reden, schweigen, annehmen, zurückweisen – all diese Ausdrucksformen sind »erlaubt«.
- Trauernde fühlen sich anfangs wie gelähmt. Das hilft ihnen, die unerträglichen Gefühle eine Zeit lang nicht zu spüren.
- Trauernden hilft die Ahnung, in einem größeren Ganzen aufgehoben zu sein, etwa beim Blick in den Sternenhimmel.

- **Tröster** brauchen die Kraft und den Mut, die Verzweiflung sowie den Schmerz der Trauernden auszuhalten.
- Tröster sind darauf gefasst, dass sie die Trauernden nicht immer verstehen.

2. Die ersten Tage
Bis zur Beerdigung

Aus den Trostbriefen

Mir fallen Worte des Trostes schwer. Und doch: in diesem Advent gilt die Botschaft Euch besonders: Ich sah einen neuen Himmel und eine neue Erde … und der auf dem Thron saß, sagte: »Siehe, ich mache alles neu.« Liebe Bernadette, ich wünsche Euch Kraft beim Hindurchgehen durch die Schmerzen, und dass die Taube den Zweig vom Ölbaum bringe. *Eine Kollegin der Mutter*

Ich wollte Dir nur noch einmal schreiben, dass ich es in der Kirche heute sehr schön fand. Du hast das toll organisiert und ich denke, Deinem Bruder hat es auch gefallen. Der Sarg war wirklich schön. Und hast Du bemerkt, wie wunderschön der Tag heute war? Auf dem Nachhauseweg sahen wir die Schneeböen über die Felder brausen, die Sonne strahlte wie ein Komet durch den Wolkenschleier und ein paar Falken saßen auf den Bäumen am Rande der Straße – ein schöner Tag, um das Leben zu feiern und dankbar zu sein.

Wir haben heute in der Kirche alle versucht, Dir Kraft zu schicken, und ich hoffe, der Tag hat Dir geholfen, Deine funktionierende Hülle – so wie Du es gesagt hast – abzulegen und richtig Abschied zu nehmen. Ich freue mich, wenn ich Dich das nächste Mal umarmen kann, bis dahin sei stark – oder schwach, wie Du Dich eben fühlst.
Freundin einer Schwester

So gerne würden wir irgendetwas für Euch tun, ganz egal was es ist. Vielleicht wäre es ja schön für Laura, wenn wir Euch einmal mit unserem Hund Emmi besuchen würden, sie mag besonders kleine Mädchen sehr gerne. Vielleicht ist es aber etwas ganz anderes, was Euch in den Sinn kommt. Lasst es uns wissen. Wir sind unsicher, ob ein Anruf von uns Euch im Moment nicht zu viel ist. Wenn Euch danach ist, gebt uns ein Zeichen. *Freunde der Eltern*

Perspektiven der Trauer

Bernadette – die Mutter

Das Telefonat mit Tobias' Freundin ist mir lebhaft in Erinnerung. Sie war die Zeugin seines Sterbens, sie hatte den Unfall leicht verletzt überlebt. Noch aus Ägypten rief sie an. Sie sprach ruhig und unaufgeregt, gesammelt und überlegt. Vorsichtig beschrieb sie die Ereignisse, ersetzte meine inneren Schreckensbilder durch das, was tatsächlich geschehen war. Sie konnte erzählen, dass Tobias sofort tot war, dass er nicht in Staub und Dunkelheit unter Schmerzen alleine sterben musste. Sie hatte seinen eingeklemmten Körper im Arm gehalten. Blieb bei ihm, bis sie Stunden später von den Sanitätern als Letzte in ein Krankenhaus gebracht wurde. Ihr Bericht, in dem ihr eigenes Trauma kaum zum Ausdruck kam, wirkte auf mich sehr beruhigend.

Sie schilderte, wie friedlich er ausgesehen hatte, dass eine tiefe Ruhe von ihm ausgegangen war. Wie dankbar war ich für ihre außergewöhnliche Stärke und Zuwendung in diesen Stunden. Es war für mich ein großes Geschenk, dass sie trotz ihres Schocks so nahe bei Tobias sein konnte, ihn auf seinem letzten Weg so zärtlich verabschiedete. Die Bilder, die uns bis dahin begleiteten, wurden durch sie ein wenig erträglicher.

Am nächsten Tag traf Rebecca mit ihrer Familie ein. Verstört standen wir schon am Bahnsteig beieinander, große und kleine Menschen, eng umschlungen und fassungslos im Bahnhofsgetriebe. Wir sahen und hörten nichts. Auf dem Heimweg besuchten wir gemeinsam die Pietà in der alten romanischen Kirche St. Gereon. Es war wohl mein erster hilfloser Versuch, Seelenheilung zu finden. Maria hält ihren erwachsenen am Kreuz qualvoll verstorbenen Sohn im Schoß. Die Darstellung, die den Verlust und den Schmerz der Mutter und den friedvollen Anblick des Sohns zeigt, hatte mich immer wieder in diese Kirche gezogen. Ob diese Anziehung eine Vorbereitung auf diesen Augenblick war? Doch als ich jetzt vor ihr stand, hatte die Pietà ihre Wirkung völlig verloren, sie konnte mich nicht trösten.

Wie gut, dass wir nun alle zusammen waren. Frida, unsere drei Monate alte Enkeltochter, wärmte mit ihrem ersten Lächeln ein wenig meine Seele. Sie ließ sich beschmusen, besingen und zeigte mit ihrer selbstverständlichen Vitalität, was unvorstellbar erschien: Das Leben geht weiter.

Dann der Besuch im Beerdigungsinstitut. Wir entschieden uns für einen hellen, schlichten Sarg. Diese widernatürliche Situation, nicht für die Eltern, sondern für das eigene Kind einen Sarg zu wählen, sehe ich heute wie einen Film vor mir ablaufen. Völlig entkräftet fuhren wir nach Hause. Wie jeden Abend seit dieser schrecklichen Nachricht war mein größter Wunsch, ins Bett gehen zu dürfen, mich verkriechen zu dürfen, geschützt vor der Außenwelt, nichts mehr aufnehmen zu müssen, nichts zu entscheiden und hören zu müssen. Doch der Schlaf stellte sich trotz aller Erschöpfung nicht ein. Ich brauchte den Rückzug trotzdem, um mich wieder zu spüren, zu sortieren, mit Tobias zu sprechen, ihn in meinem Herzen zu finden.

Rebecca – eine Schwester

Seitdem ich die Todesnachricht meines Bruders vernommen hatte, sehnte ich mich nach nichts dringlicher, als bei meiner Familie in Köln zu sein. Ich hatte das tiefe Bedürfnis, mit Menschen zu trauern, die Tobias gekannt hatten. In Montreal fehlte einfach der persönliche Bezug zu meinem Bruder.

Die Zeit bis zum Abflug verbrachte ich damit, mir immer wieder Bilder von unserem letzten gemeinsamen Urlaub anzusehen. Tobias' und Lauras Besuch lag nur drei Monate zurück. Wir hatten uns davor über ein Jahr nicht gesehen. Eine Woche reisten wir zusammen und verbrachten ein paar wunderschöne Tage in einem Haus am See. Dass dieses letzte Treffen nur wenige Monate zurücklag, empfand ich als großes Geschenk und die Frische der Erinnerungen an diese letzte gemeinsame Zeit war nun besonders kostbar für mich.

Ich war damals mit unserer ersten Tochter hochschwanger und erinnere mich vermutlich deshalb insbesondere an Tobis liebevollen Umgang mit Laura: Wie er stundenlang mit seiner Tochter und einem Plastikdelfin, den ich ihr zum Geburtstag geschenkt hatte, im See spielt; wie er als hingebungsvoller Vater seine Tochter auf dem Rücken durch einen warmen Sommerabend in Montreal trägt und ihren Weganweisungen, die sie durch ein Kneifen an seiner rechten oder linken Schulter äußert, blind folgt. Wie er und mein Freund stundenlang im See Frisbee spielen, wie er uns immer wieder zum Lachen bringt. Unsere Unterhaltungen waren, wie so häufig, eher von oberflächlichem Charakter, aber Tobis Liebe zu seiner Tochter sowie sein unübertrefflicher Sinn für Humor tauchten unsere im Grunde sonst eher distanzierte Beziehung in ein warmes Licht.

Die Vorstellung, dass sein Leben mit einem Mal erloschen sein sollte, war nur schwer auszuhalten. Ich telefonierte mehrmals täglich mit meinen Eltern und meinen Schwestern. Die Verzweiflung, die ich in ihren Stimmen erkannte, verstärkten meine eigene Traurigkeit. Ich spürte, dass auch sie mich brauchten. Unsere Familie, die mit einem Schlag so geschwächt war, sehnte sich nun nach innerem Zusammenhalt, um den gemeinsamen Verlust irgendwie verdaulicher zu machen.

Zwei Tage, nachdem wir von Tobias' Tod erfahren hatten, erreichte uns der Pass unserer drei Monate alten Tochter, sodass wir am darauffolgenden Tag endlich unsere Reise nach Köln antreten konnten. Beängstigende Gedanken plagten mich während unseres Fluges. Von meinen Schwestern hatte ich erfahren, dass unser Vater Tag und Nacht immer wieder in Tränen und Schreien ausbrach, während meine Mutter wie apathisch und innerlich erstarrt wirkte. Diese Beschreibungen kollidierten mit dem Bild, das ich von meinen Eltern als starke und souveräne Menschen hatte. Ich fürchtete mich davor, sie als für immer veränderte Wesen anzutreffen. Allein die Vorstellung, sie als gebrochen und hilflos vorzufinden, überforderte mich. Gleichzeitig hoffte ich, die Begegnung mit ihrem Enkelkind könne ihren Schmerz ein wenig lindern.

Während unseres Zusammentreffens am Kölner Hauptbahnhof vermischten sich dann tatsächlich die Tränen über den Verlust von Tobias mit der Freude darüber, unsere neugeborene Tochter kennenzulernen. Die Befürchtung, meine Eltern verstört und orientierungslos vorzufinden, entpuppte sich als unzutreffend. Es schien vielmehr so, als würde ihre Erschütterung von einer unverkennbaren Stärke begleitet werden. Sie machten ihre Gedanken und Gefühle für uns zugänglich und waren in der Lage, trotz ihrer Trauer, wichtige organisatorische Dinge zu erledigen. Es fühlte sich so an, als wüssten sie, was zu tun war.

Esther – eine Schwester

Schon wenige Stunden nach der Todesnachricht machte ich mir bereits Gedanken darüber, wie es sein würde, Tobi ein letztes Mal zu sehen. Wie könnte so eine Begegnung nur aussehen? Wollte ich wirklich seinen toten Körper sehen und berühren und mich so von ihm verabschieden? Sicherlich war der Anblick nicht auszuhalten und würde sich doch für immer in meinem Kopf einbrennen. Er war doch mein großer Bruder, der für mich immer Stärke und Schutz ausgestrahlt hatte. Ihn tot auf einer Bahre sehen zu müssen, entstellt, blass, kalt, und nicht mehr der Person begegnen zu können, die ich in meinen Erinnerungen hatte, machte mir große Angst. Dann vielleicht doch lieber ein Abschied ohne letzte Berührung und Begegnung? Ich wusste mir keinen Rat und ließ alles auf mich zukommen.

Wir hatten den dringenden Wunsch, Tobias in seiner Lieblingskleidung zu verabschieden. Da das Bestattungsinstitut auf meinem Arbeitsweg lag, sollte ich die Kleidung überbringen und zugleich das Wiedersehen mit Tobias organisieren. Ich hatte Herzrasen und Bauchschmerzen, als ich mich morgens auf den Weg machte. Die Mitarbeiterin des Bestattungshauses war sehr freundlich, aber sie musste mir sagen, dass ich meinen Bruder nicht noch einmal würde wiedersehen können. Völlig aufgelöst und voller Angst, dass ihn der Unfall entstellt haben könnte, fragte ich, ob er so schwer verletzt sei, dass sie ihn uns nicht sehen lassen wollte. Sie verneinte das, erklärte aber, dass er sich durch den enormen Wasserverlust sehr stark verändert hätte. Seine Verletzungen jedoch seien hauptsächlich im inneren Bauchbereich, also nicht zu sehen. Ich bat, uns doch wenigstens eine Hand oder einen Fuß sehen zu lassen, doch auch dies lehnte sie freundlich, aber sehr bestimmt, ab. Sie werde ihn im Sarg mit einem Leinentuch abdecken und seine Kleidungsstücke darüberlegen, versuchte sie mich zu trösten. Unter Tränen machte ich mich auf den Weg zur Arbeit.

Ohne diese letzte Begegnung mit meinem Bruder ist sein Tod für mich bis heute nicht fassbar, und es sind viele Fragen geblieben. Hätte ein Abschied von Angesicht zu Angesicht die Endgültigkeit seines Todes für mich vielleicht begreiflicher machen können? Hätte ich bei einer Begegnung mit seiner Leiche erkennen können, dass er nun »gut aufgehoben« ist? Dass sein Körper bloß noch als Hülle existierte und seine Seele bereits fortgegangen war, dass zumindest er die Endgültigkeit seines Todes angenommen hatte? Hätte er sich mir noch irgendwie »mitteilen« können, was einen Abschied für mich leichter gemacht hätte? Und hätte ich seinen Tod dann eher akzeptiert? Doch auf diese Fragen gibt es keine Antwort. So bleibt mir nur die Hoffnung auf all das und dass ich mit den Jahren lernen werde, seinen Tod endgültig anzunehmen.

Klaus – der Vater

Wie werde ich meinen Sohn nach Hause bekommen? Wie werde ich mich verabschieden können? Wie gerne würde ich ihn berühren, seinen Körper umarmen, seine Wangen streicheln, den geliebten Sohn ansehen. Dafür musste er, wie es im Amtsdeutsch heißt, erst repatriiert werden. Das Konsulat kümmerte sich zügig um die Formalitäten, die Kosten mussten wir im Vorhinein begleichen, andernfalls würde keine Rückführung erfolgen. Wir entsprachen der Bitte, ein Foto unseres Sohnes zu schicken, um eine Verwechslung auszuschließen.

Die Tage vergingen, bis endlich eine E-Mail eintraf, die die Ankunft der »sterblichen Überreste« in Aussicht stellte. Zuversichtlich ging ich davon aus, dass ich Tobias noch einmal würde sehen und berühren können. In diese Berührung würde ich alle Zärtlichkeit und Liebe, die ich empfand, legen, in dieser Berührung wäre mir noch ein letztes Mal der leibliche Kontakt möglich. Wie oft hatte ich ihn in seinem Leben »geherzt« und gedrückt, wie oft hatte er dies seinerseits bei mir getan, welche Nähe hatten wir auf diese Weise immer wieder gespürt! Gleichwohl fürchtete ich, dass er sich verändert haben und seine Gestalt mir fremd sein könnte. Aber die Sehnsucht nach dem Wiedersehen überwog die Zweifel.

Es war dann sehr schlimm, als ich begreifen musste, dass ich Tobias nicht mehr würde sehen und berühren können. Wie an seinem Lebensanfang, so wollte ich ihn doch auch an seinem Lebensende halten und liebkosen. Die Feier seines 30. Geburtstages war meine letzte Begegnung mit ihm. Ich konnte es nicht begreifen: Niemals mehr würde ich ihn berühren, niemals mehr mit ihm lachen, niemals mehr streiten, niemals mehr feiern! Ich fühlte mich um diese letzte Begegnung mit meinem toten Sohn betrogen. Noch nicht einmal ein Blick war möglich. Allerdings wusste ich nicht einmal, wen ich dafür verantwortlich machen sollte. Wir verabschiedeten uns am geschlossenen Sarg, saßen eine Stunde lang schweigend im Kreis um diesen Sarg herum, und jeder war mit seinen Gedanken und seiner Trauer beschäftigt. Bevor wir aufbrachen, stellten wir uns an den Sarg, hielten uns an den Händen und fühlten uns auf diese Weise miteinander und mit Tobias verbunden.

Rebecca – eine Schwester

In einem mit brennenden Teelichtern ausgestatteten Raum des Bestattungsinstituts nahmen wir Abschied von Tobias. Wir saßen im Kreis um seinen verschlossenen Sarg herum. Die Vorstellung, dass mein Bruder ohne Sauerstoffzufuhr in dieser geschlossenen Kiste lag, veranschaulichte seine Leblosigkeit. Tobias war in unserer Mitte, wir waren ein letztes Mal »vollzählig«. Sein Körper war aus Ägypten zu uns zurückgekehrt, aber seine Seele hatte uns schon vorher verlassen. Ich hatte das innere Bedürfnis, seine Seele einzufangen, so wie man ein Haustier einfängt, das einem entlaufen ist. Die Gewissheit, dass seine Lebendigkeit für immer erloschen und sein Verschwinden endgültig war, fühlte sich unerträglich an. Meine Seele blutete.

Bernadette – die Mutter

Die Trauerfeier rückte näher. Seine Freunde in Italien, Australien und Brasilien meldeten sich über Facebook, kündigten teilweise ihr Kommen und Mitgestalten des Gottesdienstes an. Freunde und Bekannte wollten uns nahe sein, uns trösten, halten, lieben und mit uns weinen. Andere bereiteten mit uns den Gottesdienst vor. Das Trauerinstitut schmückte die Kirche mit lauter Kerzen im Altarraum, Tobias' Sarg stand vorne, umgeben von Blumen. Jeder Trauernde brachte zum Gedenken ein Teelicht an seinen Sarg. Die nahezu fünfhundert Lichter, die unseren Sohn schließlich umgaben, hüllten auch uns in ein warmes Lichtermeer. Der kanadische Song »See you in heaven« stellte zu Beginn eine Verbindung zwischen dem Himmel und uns her. Wir alle saßen in der ersten Reihe dicht beieinander, hielten uns gegenseitig fest.

Früher glaubte ich, es müsste für Angehörige unerträglich sein, eine Beerdigung zu überstehen. Doch seit Tobias' Tod fühlte ich mich durch unbekannte Kräfte wie ruhiggestellt, ja fast gelassen. Ich spürte so viel Liebe und Aufmerksamkeit für unseren Sohn, jedes Wort, jede Geste wollte ich aufnehmen und verkosten. Tobias' Lieblingssong »Im Himmel geht's weiter« von Matthias Reim erklang. Ich hatte ihn immer kitschig gefunden, aber jetzt passte er.

Die eisige Sonne schien über den schneebedeckten Friedhof. Sie lenkte meinen Blick in den Himmel, machte den Dezembertag ungewöhnlich hell und klar. Alles wirkte durch den Schnee gedämpft und leise. Diese Stimmung in der Natur half mir, auch diesen letzten Weg mitzugehen. Die Freunde und Schwiegersöhne trugen den Sarg vom schmiedeeisernen Tor des Friedhofs in langsamen Schritten bis zum offenen Grab. Der Priester sprach: »Aus Staub bist du, zu Staub wirst du.« Diese naturbedingte Endlichkeit mit Blick auf meinen geliebten, hübschen und lebensfrohen Sohn machte mich fassungslos.

Wir nahmen die Beileidsworte unserer Freunde und Verwandten entgegen. Lange hatte ich mich dagegen gewehrt, aber Klaus und die Kinder wünschten sich diese Begegnungen. Jetzt war ich froh, wurde mir doch so viel Wärme und Mitfühlen geschenkt, wie wir sie uns sonst kaum entgegenzubringen wissen. Jede Geste, jedes Wort, jede Träne sammelte ich auf und spüre sie noch heute als Geschenk in mir.

Das Jugendheim füllte sich. Viele alte Bekannte, die sich Jahre nicht gesehen hatten, trafen sich erfreut wieder. Tobias war auf zahlreichen Fotos auf einer Leinwand zu sehen, freiwillige Helfer kümmerten sich um unser leibliches Wohl. Man konnte es kaum glauben, wir waren auf der Beerdigungsfeier unseres Sohnes. Sein Leben machte es uns auch jetzt leicht, lebendig, positiv, offen und herzlich einander nah zu sein. Die Trostlosigkeit holte uns erst mit aller Macht in der Nacht wieder ein, nachdem wir unsere letzten Freunde verabschiedet hatten und in völliger Erschöpfung ins Bett gefallen waren.

Rebecca – eine Schwester

Das Läuten der Kirchenglocken, das mich auf dem Weg von uns zu Hause bis zur Kirche begleitete, hatte eine betäubende Wirkung. Weinend und wie schlaftrunken betrat ich die Kirche. Mein Freund und eine gute Freundin stützten mich, als ich, ohne aufzublicken, an den vielen Trauergästen vorbei, bis nach vorne lief, wo meine Familie saß. Die Menschen, die Teelichter, die bewegende Musik und die tröstenden Ansprachen verwandelten den Gottesdienst in ein spirituelles Erlebnis. Wir trauerten gemeinsam um den Verlust unseres Tobias, feierten sein unverwechselbares Wesen und dankten ihm für die beglückenden Augenblicke, die wir mit ihm erleben durften.

Die tiefe Zuneigung für meinen Bruder, die in der Anwesenheit und dem Mitgestalten der vielen Menschen zum Ausdruck kam, erfüllte mein Herz mit Stolz. So viel Liebe und Wertschätzung. Er musste für viele ein ganz besonderer Mensch gewesen sein. Ich nahm innerlich Kontakt zu meinem Bruder auf und sah ihn zu uns herunterlächeln. Er ließ mich spüren, dass dies die Art von Gottesdienst war, die er sich für seinen »Abgang« gewünscht hatte. Ich war sicher: Er genoss es, von seiner Familie, seinen engsten Kumpels und seinem Chef durch zahlreiche, persönliche Erfahrungsberichte, die Zeugnis seines einmaligen Wesens waren, auf äußerst würdevolle Art und Weise verabschiedet zu werden.

Klaus – der Vater

Der Tag der Beerdigung war tröstlich. Zum einen fühlte ich mich durch die Gegenwart Hunderter Menschen getragen, die mich spüren ließen, nicht allein zu sein, zum anderen durch den Gottesdienst, der mich darin bestärkte, dass trotz und in aller Unbegreiflichkeit Gott an unserer Seite ist. Die Frage nach dem »Warum« stellte sich mir nicht, stattdessen stand die Frage im Vordergrund, wie ich diesen unschätzbaren Verlust würde überleben können. Eine Nähe Gottes spürte ich auch nicht, nur den Wunsch, der nicht nachlassende Schmerz möge aufhören. Das aber blieb ein Wunsch.

Trost in der Trostlosigkeit

- **Trauernde** fühlen sich kraftlos. Es kostet erhebliche Mühe, die alltäglichen Aufgaben zu erfüllen, angefangen vom Ankleiden bis zur Zubereitung der Mahlzeiten.
- Trauernde brauchen den Rückzug. Ihnen fällt es schwer, anderen Menschen zu begegnen, sich ihnen mitzuteilen und sich deren Blicken, Fragen und Anteilnahme auszusetzen.
- Trauernde telefonieren nicht. Worte zu wechseln strengt sie an.

- **Tröster** helfen, indem sie alltägliche Aufgaben abnehmen, Erledigungen in Zusammenhang mit der Beerdigung übernehmen, die Trauernden mit schmackhaft zubereitetem Essen erfreuen.
- Tröster suchen nach anderen kreativen Wegen der Anteilnahme als das gesprochene Wort: sie schreiben Karten, Briefe, Mails, sie senden Fotos, Bilder, Texte, überbringen kleine Geschenke, bieten zugewandt ihre Unterstützung an.
- Tröster stellen sich darauf ein, dass die Trauernden ihre Angebote bisweilen ausschlagen.

3. Die Macht der Dinge
Der Nachlass

Aus den Trostbriefen

Wir sind noch sehr ergriffen von der bewegenden Trauerfeier. Bitte sehen Sie uns nach, dass wir nicht mehr zur Beisetzung erschienen sind, unser kleiner Sohn hat die überwältigende Trauer nicht mehr ausgehalten und bat darum, die »Trauerstätte« zu verlassen. Nicht nur er ist überzeugt, dass wir Tobias wiedersehen werden: »Er hat gesehen, dass ich in der Kirche war.«

Dieser kleine Junge ist überzeugt, dass wir, wenn wir die Erde verlassen, alle wieder Kinder werden, und er malt sich schon aus, wie er von Kind zu Kind über die Gefühle spricht, die er während der außergewöhnlichen Trauerfeier empfand.

Wir denken viel an Sie und fühlen aufrichtig mit Ihnen. Bitte geben Sie uns ein Signal, wenn Sie so weit sind, sich von uns und unserem sehr mitfühlenden Sohn ein wenig aufrichten zu lassen. *Bekannte des Vaters*

Nur Sie selbst spüren den kaum auszuhaltenden unermesslichen Schmerz mit all seiner Brutalität, Ungerechtigkeit, Hilflosigkeit und Sinnlosigkeit. Ihr aktuelles Schicksal kann mir einfach nicht aus dem Kopf gehen. So hoffe ich, dass Sie dennoch gerade in Ihrer Familie ein Quäntchen Tröstung erfahren. Ich wünsche Ihnen viel Kraft und die Rückkehr der Hoffnung. *Ein Vorgesetzter der Mutter*

Der Tod Eures Sohnes berührt mich sehr. Sprachlos bin ich an Deiner, an Eurer Seite. Mein Gott! Kein Wort lässt sich finden, nur dieses Bild konnte ich euch malen. Ich ahne etwas von dem ungeheuren Schmerz in Deiner, in Euren Seelen.

Du und Ihr wisst, dass gerade jetzt viele Menschen unsichtbar mit Euch sind und Euch umgeben. Beten – ringen – fragen – aushalten. Ich verspreche Euch mein Gebet; ein kleines loderndes Licht – das Mittragen Eurer Freunde. Ich denke an Dich, an Euch, an Tobias mit meinem ganzen Herzen. *Ein Kollege des Vaters*

Perspektiven der Trauer

Bernadette – die Mutter

Die Angst vor der Auflösung der Wohnung begleitete uns schon Tage im Voraus. Wir hatten kein Recht, in seine intimsten Dinge Einblick zu nehmen, wir wollten nicht in seinen Habseligkeiten wühlen und Wichtiges von Unwichtigem unterscheiden, wir wollten einfach nicht seine sichtbare Identität auflösen, alles sträubte sich dagegen. Das sollten Kinder für ihre Eltern erledigen, nicht umgekehrt. Wir schauten uns in der Wohnung um und wussten nicht wo anfangen. Als Erstes fielen mir die Blumen ins Auge, sie lebten trotz Urlaub und langem Frost. Laura lief sofort ins Wohnzimmer und hopste auf dem alten, nachgiebigen Sofa. Das war wohl eine ihrer Lieblingsbeschäftigungen in Papas Wohnung. Ihre selbst gemalten Bilder in der Küche und im Schlafzimmer schmückten die Räume.

Ich hatte die Küche aufzulösen. Ein überschaubares Terrain. Die wenigen Küchengeräte waren ausnahmslos alte, ausrangierte Teile aus meinem Haushalt. Gekocht wurde insbesondere für Laura, Nudeln mit Spinnennetz war ihre Leibspeise, die uns bis heute nicht so gelingen will, wie sie es von ihrem Vater gewohnt war. Es rührte mich, wie Laura unbedingt das rote, abgenutzte Müslischälchen mitnehmen wollte, nichts ist ihr bis heute so heilig.

Dann öffnete ich den neuen Kleiderschrank, der tatsächlich acht sportlich elegante Anzüge und viele schicke Hemden aufbewahrte. Wie oft hatte ich früher seine abgenutzte Kleidung kritisiert und jetzt erzählte seine Freundin, wie viel Wert er auf stilvolle Kleidung legte. Ich fühlte die Anzüge, holte sie einzeln heraus und freute mich über seinen guten Geschmack. Plötzlich standen die Freitagabende vor mir, wenn er Laura abgekämpft, aber stets in schickem Outfit bei uns abgeholt hatte. Wie stolz war ich auf meinen attraktiven Sohn gewesen, und dieses Gefühl sollte ich nie mehr spüren dürfen? Was sollte nun mit seinen Anzügen geschehen? Sie waren ihm auf den Leib geschnitten, einige Kleidungsstücke rochen noch nach seinem Aftershave. Ich konnte die Sachen unmöglich in den Kleidercontainer legen. Ich saß erschöpft und ratlos zwischen seinen Kleidern auf seinem Bett.

Die Freunde von Tobias waren mittlerweile eingetroffen. Auch sie wollten mithelfen und suchten nach Erinnerungen. Sein bester Freund war begeistert von den Anzügen. Er selbst war in der Endphase seines Studiums und hätte sich so elegante Stücke noch gar nicht leisten können. Doch ihm stand ein anspruchsvoller Job im Ausland bevor, und so kamen die Anzüge wie gerufen. Vorsichtig bot ich ihm alles an und ebenso scheu freute er sich über dieses ungewöhnliche Angebot. Er schlüpfte geradezu ehrfürchtig in den ersten

Anzug, und er passte tatsächlich. So wechselten sämtliche Anzüge ihren Besitzer. Tobias hätte das sehr gefallen. Ich empfand in all dem Verstörenden einen leisen Trost.

Die bürokratischen Vorgänge überließ ich Klaus. Ich hätte es nicht über's Herz gebracht, seine persönlichen Ordner zu sichten. Stets hatte ich das Gefühl, ich ginge zu weit, verletzte seine Intimsphäre, wühlte in Dingen, die er nie mit mir geteilt hätte. Andererseits hinterließ er uns so wenig Aufräumarbeit, als wäre er vorbereitet gewesen. Oder lag es einfach daran, dass grundsätzlich Materielles eine eher untergeordnete Rolle in seinem Leben spielte?

Wir fanden Fotos, die Laura und ich sichteten. Ich konnte mich nicht sattsehen an seinem hübschen, fröhlichen Gesicht. Zwischendurch trafen wir uns alle kurz in der Küche und tauschten bei Kaffee und Kuchen Geschichten aus, die sich uns hier in seiner Wohnung aufdrängten.

Seine Blumen wurden in der Familie verteilt. Ich wählte einen fast vertrockneten kleinen Orangenbaum, den ich für Tobias wieder zum Leben erwecken wollte. Ein einziger lebendiger Trieb war ihm geblieben, der musste gestärkt werden. Und wirklich: Schon bald blühte das Orangenbäumchen in unserem Wohnzimmer und brachte über's Jahr zahlreiche essbare Früchte.

Da Laura mit Tobias' Wohnung besonders vertraut war, machten wir beide gemeinsam einen letzten Rundgang durch alle Räume, um uns von ihrer Aachener Heimat zu verabschieden, um den Geruch, die hohen Wände, Erker und die selbst gemalten Bilder fest in unser Herz zu schließen.

Hier, wo mich alles an ihn erinnerte, fühlte ich mich unendlich schwach. Mir tat alles weh. Es war, als hätte sich der Tod von Tobias tief in meinen Körper gegraben. Es war mir nicht möglich, auch nur ein kleines Möbelstück bis in den Laster zu tragen.

Wie endgültig und unbarmherzig ist der Tod – wir ließen seine leere Wohnung zurück, als hätte er und alles, was ihn ausmachte, wie er gelacht, gehofft, geliebt, gelebt hatte, nie existiert.

Klaus – der Vater

Ich musste mir einen ersten Überblick über die finanzielle Situation verschaffen, wichtige Dokumente sichten, den Arbeitgeber aufsuchen, die Wohnung kündigen und mich um das Erbe seiner Tochter kümmern. Gemeinsam mit Lauras Mutter beantragte ich die Halbwaisenrente. Ein bürokratischer Vorgang, hatte ich gedacht. Was ich vollkommen unterschätzt hatte, war, wie sich in den von der Rentenversicherung geforderten Unterlagen das Leben meines Sohnes auf unerwartete Weise verdichtete. Sein Leben in Kurzform lag auf dem Schreibtisch des Mitarbeiters ausgebreitet: die Geburtsurkunde, sein Personalausweis, die Ausbildungsnachweise über seine Schul- und Berufsausbildung, sein Abiturzeugnis, sein Magisterzeugnis, der Arbeitsvertrag, die Krankenversicherungskarte, die bisherigen Rentenzahlungen, die Sterbeurkunde.

Jedes Dokument für sich genommen symbolisierte einen Abschnitt seines Lebens. Seine Geburt, die Schul- und Studienzeit, den Arbeitsplatz und auch sein Sterben, das ich immer wieder vergeblich versuchte, mir vorzustellen, und all diese Etappen verband ich mit intensiven Erinnerungen. Nur mit Mühe bewahrte ich die Fassung. Erst nachdem wir hinausgegangen waren, brach sich diese Verzweiflung wieder in den Tränen Bahn. Ich weinte so viel. Die Tränen waren tägliche Begleiter und sollten es über viele Monate bleiben. Sie halfen, den Druck und die innere Spannung zu lösen.

Lea – eine Schwester

Den ägyptischen Behörden war definitiv kein Fehler bei der Identifikation meines Bruders unterlaufen. Genauso wenig konnte ich die Illusion, nach der ich mich im Koma befände und träumte, aufrechterhalten. Die letzten Fünkchen Hoffnung verglühten. Mein Bruder war tot. Mein Bruder ist beerdigt worden. Die Organisation der Ereignisse rund um Tobis Tod, in die ich mich mit aller Kraft gestürzt hatte, war abgeschlossen. Zu Hause zu sein, war für mich in diesen Tagen unerträglich. Zu groß war die Angst, in ein Loch zu fallen und den Schmerz unaufhörlich spüren zu müssen. Ich befand mich damals mitten im 1. Staatsexamen und nutzte den äußeren Druck, um »weiter« zu machen und nicht unterzugehen. Die Angst, morgens nicht mehr aufstehen zu können, den Antrieb für alltägliche Dinge vollständig verlieren zu können, motivierte mich, bereits vierzehn Tage nach der Beerdigung meines Bruders die nächste Examensprüfung abzulegen. Manche Freunde verstanden das nicht. Sie fanden, ich solle mich doch zu Hause ausruhen. Aber was sollte ich zu Hause den ganzen Tag machen? Durchdrehen? Mein Partner und meine Familie bestärkten mich darin, die Prüfung abzulegen. Besonders meine Mutter empfahl mir – wie auch sonst immer – auf mein Bauchgefühl zu hören. Selten war mir so klar wie in dieser Situation, dass ich selbst zu entscheiden hatte, was gut für mich war. Und natürlich half mir, in meinem Entschluss von meiner Familie unterstützt zu werden. Niemand machte mir Vorwürfe in der Art: »Wie kann sie nur schon wieder lernen ...« Die Prüfung legte ich problemlos und mit großer Gelassenheit ab. Berühren konnte mich sowieso nicht mehr viel.

Ein Ereignis zeigt ziemlich eindrücklich, wie ich in diesen Tagen funktionierte: Ich hatte mit meiner Anglistik-Dozentin einiges zu besprechen und wollte ihr am Telefon die besondere Situation erklären. Das sollte unproblematisch sein, dachte ich, denn ich hatte mir in den wenigen Tagen seit Tobis Tod eine Standardversion der Geschichte zurechtgelegt, die ich immer wieder abspulen konnte. Meine Dozentin aber sprach kein Wort Deutsch. Grundsätzlich ist das kein Problem für mich. Doch in diesem Gespräch fiel mir tatsächlich kein einziges englisches Wort ein. Trotz Auslandsaufenthalten in England und einem nahezu abgeschlossenen Anglistik-Studium konnte ich kein Englisch mehr sprechen. Mein Kopf war voll mit Trauer. Ich beendete das Gespräch abrupt.

Diese Erfahrung, dass auch an sich automatisierte Vorgänge nicht mehr oder nur mit sehr viel Kraft funktionierten, machte ich in der ersten Zeit nach Tobis Tod immer wieder. Obwohl der nächste Supermarkt ca. 200 m weiter fußläufig zu erreichen ist, erschöpfte es mich, einkaufen zu gehen. Ich vergaß die Hälfte oder brach angesichts einer langen Kassenschlange in Tränen aus. Jede körperliche Betätigung fiel mir schwer. Es kam einer Mammutaufgabe gleich, zu joggen. Meine Unbeweglichkeit drückte genau das aus, was ich tief im Inneren spürte: Stillstand.

Ununterbrochen dachte ich an Tobi. Ich spürte, dass mein Verstand und mein Herz nicht dazu in der Lage waren, das Geschehene zu begreifen. Immer noch fühlte ich mich, als hätte ich die Nachricht gerade erst erhalten. Der Wunsch, endlich verstehen zu können, was passiert war, wurde zwar immer intensiver, zugleich wurde seine Realisierung immer unwahrscheinlicher – denn verstanden habe ich es bis heute nicht.

Mein Bruder und ich hatten eine enge Beziehung. Wir lebten beide in Aachen, trafen uns häufig allein oder mit unseren Partnern, gingen am Wochenende gemeinsam aus oder feuerten »unseren« 1. FC Köln an. So erinnerten mich unzählige Gebäude und Örtlichkeiten in Aachen an meinen Bruder. Die Trauer war so tief und aggressiv. Sie stürzte sich immer wieder auf mich, wenn ich an einer Tapas-Bar vorbeiging, in der wir zuletzt essen waren, oder wenn ich das Oktogon des Aachener Doms sah, in dem er als Student Domführer war. Aachen wurde für mich ein unerträglicher Ort. Von allen Seiten strömten schmerzende Erinnerungen an gemeinsame Stunden mit meinem Bruder auf mich ein. Über mehrere Monate bekam ich hier kaum Luft. Ich fühlte mich verlassen in dieser Stadt, die ich über so viele Jahre mit meinem Bruder geteilt hatte und die wir unser Zuhause nannten. Daher fuhr ich so oft wie möglich zu meinen Eltern nach Köln. Die Sehnsucht nach ihnen und meinen Schwestern war so groß wie noch nie. Die Wärme, die wir uns gegenseitig spendeten, die Tränen, die wir uns gegenseitig trockneten, die Stunden, die wir gemeinsam im Wohnzimmer verbrachten, schenkten mir Geborgenheit und Schutz.

Trost in der Trostlosigkeit

- **Trauernde** fühlen sich einsam, schwach und kaum imstande, die anfallenden Aufgaben zu erledigen.
- Trauernde sehnen sich nach Gegenständen, die sie mit dem Verstorbenen verbinden: eine Locke, ein Kleidungsstück, ein Lieblingsbuch, ein Parfüm, Briefe, Fotos ... All das kann in einer »Erinnerungskiste« aufbewahrt werden.
- Trauernde haben den Mut, ihrer »inneren Stimme« zu folgen. Sie hilft ihnen, Grenzen zu ziehen und Entscheidungen zu fällen, ungeachtet, ob es anderen gefällt.
- Trauernde sehen ihren eigenen Tod gelassener.
- Trauernde sehnen sich sehr nach Zeichen der Wertschätzung dem Verstorbenen gegenüber.

- **Tröster** erzählen den Trauernden Geschichten, die sie mit dem Verstorbenen erlebt haben und in denen seine kostbaren Seiten zum Ausdruck kommen, wenn möglich, mit Fotos illustriert.
- Tröster respektieren die individuelle Art und Weise, in der Trauernde mit dem Verlust umgehen, uneingeschränkt.

4. Rückzug
Alles ist zu viel

Aus den Trostbriefen

Sie sollten wissen: wir reden sehr häufig von Tobias. Er musste so früh gehen – zu früh! Er erinnert mich daher fast täglich daran, bewusst zu leben, bewusst zu sein und wahrzunehmen. Ich bin sehr dankbar, ihn kennengelernt und sein Vertrauen gehabt zu haben. Ich bin dankbar, dass sein Tod, so schrecklich sein Verlust ist, nicht umsonst war. Er war für mich die personifizierte Lebenslust! Ein Mensch, der wie kaum ein anderer jetzt und hier gelebt hat.
Eine Arbeitskollegin von Tobias

Noch ganz stehe ich unter dem Eindruck Deines Anrufes und den kurzen Worten: »Mein Sohn ist tot.« Ich vernahm deine tränenerstickte Stimme, und mir verschlug es die Sprache – mir fehlten die Worte. Was mag in Dir, in Euch, vorgegangen sein, als Ihr die Nachricht aus Ägypten erhieltet?

Und dann am 3. Dezember in St. Johann Baptist – ein für mich unvergesslicher Gottesdienst. Der Sarg eingebettet in Licht – teils zum Himmel strebend – und umgeben von Elementen des lebenden Tobias. Des Tobias, den ich ja persönlich nicht kannte, der mir aber im Verlauf des Gottesdienstes so etwas wie bekannt, wenn nicht sogar vertraut wurde. Die Fotos mit dem offenen Gesicht, das Nähe vermittelte, die Weltkarte, die für den Reisenden, Suchenden stand, und dann die vielen jungen Leute, die zeigten: da ist einer, der mitten dabei war. Die Worte der Predigt und die Statements gegen Ende des Gottesdienstes machten mir Tobias bekannt.

Und dann sehe ich Dich noch vor meinen Augen, aufrecht gehend und stehend mit einem Ausdruck im Gesicht, von dem ich dachte: da strahlt so etwas wie Frieden aus. Das beeindruckt mich noch heute. Ich frage mich, ob mir das möglich gewesen wäre. Ich weiß es nicht. Jedenfalls ist mir deutlich geworden, dass der Satz »Noch heute wirst du mit mir im Paradies sein« nicht nur ein Satz war, sondern ein Credo, ja auch Verkündigung.

Lieber Klaus, das sind Eindrücke, die mit mir gehen, für die ich dankbar bin. Euch wird der Verlust von Tobias von nun an begleiten, aber ich hoffe für Euch, dass die gemachte Erfahrung mit diesem besonderen Menschen ein »Gegengewicht« bleiben wird. *Ein befreundeter Pfarrer*

Perspektiven der Trauer

Bernadette – die Mutter

In dem Augenblick, als Lea uns über den Tod von Tobias unterrichtete, verließ ich meine Welt. Die schwere Last des Schmerzes verursachte eine abgrundtiefe Leere. Ich war verbannt und gehörte – wie mein Sohn – nicht mehr in diese Welt, in diese Zeit und in diesen Raum. Die Vollständigkeit meines Lebens war zerstört. Pflichtbewusstsein war das Einzige, was von mir übrig blieb. So half ich, alles Notwendige zu entscheiden und zu erledigen, meine Seele verlangte jedoch nach Stillstand, Rückzug, Ruhe, Abstand und Ausstieg. Die liebsten Freunde waren mir oft zu viel. Am besten ging es mir schweigend, umgeben von unseren Kindern und Enkeln oder abends im Bett. Allein. Jeden Abend schaute ich aus dem Dachfenster in den dunklen, klaren Sternenhimmel.

Die Sterne machte ich mir zu persönlichen Vertrauten, sie begleiteten mich in die Nacht hinein. Sie wurden für mich Sinnbild der Ewigkeit, etwas, das über mein Denken und Fühlen weit hinausging. Hier vermutete ich Tobias. Mit diesem Bild ging ich zu Bett: Schonraum und Kampfplatz. Der Schlaf schenkte mir flüchtige Pausen, doch nach kurzem Einnicken schreckte ich immer wieder hoch in ein entsetzliches, bodenloses Erwachen. Diese Nächte sind mir viel intensiver in Erinnerung als die Tage.

Den Wunsch nach Rückzug teilten wir als Familie – unsere Töchter zogen mit ihren Partnern wieder in Köln bei uns ein. Sechs Wochen wohnten wir wieder miteinander unter einem Dach.

Es war, als wären sie nie fort gewesen. Nur jetzt war alles im Einklang. Es gab keinen Geschwisterstreit, kein Kräftemessen mit den Eltern, keine Streitereien in unserer Partnerschaft, wir wollten uns nur noch aneinander wärmen. Unser Haus war unsere Burg, die wir nur verließen, um zur Arbeit zu fahren. Abends saßen wir im großen Kreis zusammen, tauschten uns aus und gingen sehr aufmerksam miteinander um. Besonders unsere Enkelkinder schenkten uns Liebe und Zärtlichkeit im Übermaß. Sie legten einen Mantel der bedingungslosen Liebe um unsere zurückgezogene, versteinerte Familie. Jeder wollte sie umsorgen und fühlen. Ihre Wärme, aber auch ihre Bedürftigkeit holte uns aus unserer inneren Abgeschiedenheit. Nach fast sieben Wochen mussten wir Rebecca mit ihrer kleinen Familie wieder in ihre

Heimat nach Kanada entlassen. Das war für alle das Zeichen, den Alltag zu wagen und die Normalität zu versuchen.

Nun saßen Klaus und ich abends alleine vor dem Kamin mit Blick in den verschneiten Garten und einem Glas Tee in der Hand. Wir teilten nach der Arbeit unsere Ohnmacht und andauernde Fassungslosigkeit, die wir in unserem Haus mit all den Erinnerungen an unsere einst »heile Familie« sofort wieder spürten. Wenn wir uns über unsere Gefühle und Gedanken zu Tobias aussprachen, gelang es uns für Minuten, unsere Betäubung zu unterbrechen. In dieser lähmenden Erschütterung kamen wir uns näher denn je. Das bewahrte mich jedoch nicht vor einer immer wiederkehrenden inneren Verlorenheit. Die Realität war außerhalb von mir, während ich in mir hoffnungslos gefangen war.

Oft saß ich einfach nur da, starrte in den Garten oder in die Flamme einer Kerze, ließ Zeit verstreichen und brachte so den Tag einfach hinter mich. Wieder einen Tag geschafft zu haben, war eine enorme Leistung. Anfangs zählte ich die Stunden ab seinem Tod: 16 Stunden, 24 Stunden, 48 Stunden, 4 Tage, 8 Tage, 14 Tage … Er entzog sich mir mehr und mehr.

Das Wetter erleichterte mir das Bedürfnis nach Rückzug und Stille. Der Alltag lief ungewohnt langsam, als würden Frost und Schnee nur auf uns Rücksicht nehmen. Wann hatten wir im Rheinland je so eine andauernde Kälte erlebt?

Auch die Besuche auf dem Friedhof waren Zeiten des Rückzugs. Ich ging am liebsten alleine. Meine Besuche am Grab waren intime Zeiten mit Tobias. Ich setzte mich gegenüber auf die Einfassung eines fremden Grabes und war mit der Aufschrift auf Tobias' Holzkreuz auf Augenhöhe. In den ersten Wochen war nur sein Geburtsdatum erkennbar. Der Schnee hatte das Todesdatum zugeweht. Eine Kleinigkeit, die mich trösten konnte. So in der Kälte kauernd hielt ich mit Tobias Zwiegespräche, oder, was viel häufiger geschah, ich saß einfach da und vergaß alles um mich herum. Erst Wochen später wurde mir die Wirkung meiner Besuche am Grab bewusst: Ich vergaß die Zeit, ich ging fühlbar gestärkt, getröstet, ja entspannt in den Tag zurück. Ich machte es mir dann zur Gewohnheit, insbesondere vor schweren Aufgaben und in Stimmungen tiefster Verlassenheit, Tobias' Grab aufzusuchen. Nie hätte ich mir ein Grab und sicher nicht das meines Sohnes als einen heilenden Ort vorstellen können.

Anders ging es mir bei der Gestaltung und Pflege des Grabes. In den ersten Monaten ergriff mich immer wieder ein inneres Entsetzen: Was tue ich hier? Dann war mir unvorstellbar, dass Tobias unter dieser eiskalten Erde lag und ich als seine Mutter diesen Flecken vom groben Unkraut befreien musste oder Blumen zu pflanzen und zu gießen hatte. Aber mit der Zeit verwandelten sich auch diese Handgriffe in Zärtlichkeiten. Auch sie wurden Ausdruck meiner tiefen Zuneigung.

Im Laufe der Monate lernte ich bei meinen Besuchen am Grab eine Italienerin kennen, die ihr Kind vor siebzehn Jahren verloren hatte. Sie sorgt sich bis heute mit Hingabe um die Grabstätte ihrer Tochter. Das Grab ist stets mit leuchtend weißen Blumen geschmückt. Wird es mir über all die Jahre auch so gehen, wird Tobias' Grab auch in siebzehn Jahren noch diese Bedeutung für mich haben?

In dachte in diesen Zeiten des Rückzugs auch viel über mein Verhältnis zu Tobias nach: War er mit mir als Mutter zufrieden, was hat er vermisst, wo war ich ungerecht, zu eng, zu moralisch oder zeigte einfach zu wenig Verständnis für seine Situation? Einige Wochen nach seinem Tod erst wagte ich die E-Mails der vergangenen Jahre zu speichern und seine letzten Briefe an mich zu lesen. Ich war überrascht und tief berührt, mit wie viel Zärtlichkeit diese kurzen Alltags-Verständigungen abliefen. Ich konnte mich nicht erinnern, dass ich das wahrgenommen hatte, als diese E-Mails eben noch selbstverständlich waren. Mit wenigen innigen Worten hatte er seine Wertschätzung zum Ausdruck gebracht. Vorbei. Nun las ich die alten Mails mit sehnsüchtigem Herzen. Was hatte ich zu seinen Lebzeiten in unseren Begegnungen wohl sonst noch übersehen, überhört oder gar missachtet?

Klaus – der Vater

Mein Interesse an kulturellen Veranstaltungen, das sich regelmäßig in Theater- und Kinobesuchen, in Teilnahme an Musikveranstaltungen und Lesungen ausdrückte, war erlahmt. Derartiger »Zeitvertreib« erschien mir nun überflüssig. Ich konnte mir nicht vorstellen, jemals wieder Freude an der Kultur zu finden. Zu besetzt war ich von meinem eigenen Thema, als dass ich mich in die schöpferischen Gedanken und Werke anderer hineinzuversetzen in der Lage sah. Mir schienen die kulturellen Angebote auf einmal eher etwas für diejenigen zu sein, die in ihrem Leben keine Sorgen plagen und die ihre Bedürfnisse nach emotionaler und geistiger Nahrung stillen wollten.

Der Verlust meines Sohnes hingegen war bittere Realität, er beanspruchte meine emotionalen und geistigen Kräfte vollends. Immer wieder stellte ich mir die letzten Sekunden seines Lebens vor. Es quälte mich, nicht zu wissen, ob er

Angst durchlebt hat, ob er hatte leiden müssen. Erst recht litt ich daran, dass ich in seinem Sterben – oder war es der plötzliche, blitzschnelle Tod – nicht an seiner Seite war.

Unser Haus war in dieser Zeit wie eine Burg, hinter deren Mauern ich mich geschützt fühlte, und am liebsten hätte ich mich dort dauerhaft verkrochen. Hier schämte ich mich meiner Tränen nicht. Meinen Kindern, Enkelkindern und meiner Frau brauchte ich nichts zu erklären. Ihre körperliche und emotionale Nähe trug dazu bei, innere Stabilität und Kraft zu gewinnen.

Vor allem die Enkelkinder, Laura und die kleine Frida, steckten mich mit ihrer Lebendigkeit an. Der Säugling war so voller Vitalität. Mit Laura und ihrer Freundin spielte ich eines Abends in der im Schnee versunkenen Anliegerstraße in der Dunkelheit Verstecken. Zum ersten Mal seit Wochen fühlte ich mich im Spiel in einer anderen Welt, in der ich für kurze Zeit meinen Kummer vergaß und mich wieder lachen hörte.

Die Partner unserer Töchter erwiesen sich als gute Zuhörer und halfen bei den praktischen Dingen des Alltags. Mich selbst kostete es Überwindung, das Haus zu verlassen und mich den unsicheren Blicken, den persönlichen Fragen oder dem Ausdruck der echten Anteilnahme auszusetzen.

Und dann kam Weihnachten. Mit Ausnahme eines Adventskranzes, den Bernadette mit Esther geschmückt hatte, ging die Adventszeit spurlos an mir vorüber. Sie vermittelte weder Trost noch bedeuteten mir die üblichen Rituale etwas, und ich war froh, als sie vorüber war. Das Weihnachtsfest wollten wir, wenn auch nicht feiern, so doch wie immer begehen. Welche Alternativen gab es dazu auch? Wie könnten

wir ein erstes Weihnachten ohne Tobias anders gestalten?!
Es war zu schwer, darüber nachzudenken. Doch es zeigte
sich, dass die seit Jahren vertrauten Abläufe und Symbole
Struktur und Halt gaben. Der Besuch des Gottesdienstes,
die Bescherung, das gemeinsame Essen, der Austausch im
Gespräch, das gemeinsame Spiel, die Besuche der Herkunftsfamilien – all das waren Elemente, die die Tage immer
geprägt hatten, sie wirkten in diesem Jahr wie ein Korsett,
das mich stützte.

Nach einiger Zeit erhielten wir wieder Einladungen zu Partys und Feiern, nach denen uns allerdings keineswegs zumute war, die aber zugleich deutlich machten, dass für die
Welt um uns herum das Leben ungebrochen weiterging.
Für mich hingegen war die Welt wie ein zerbrochener, für
immer beschädigter Krug, dem man in alle Ewigkeit ansehen würde, was ihm widerfahren ist. Sein Glanz und seine
Schönheit gehörten der Vergangenheit an. Die zusammengeklebten Bruchstücke erinnerten lediglich an eine wundervolle, nun aber untergegangene Zeit.

Eine Geburtstagseinladung nahmen wir schließlich an.
Wir begegneten einer großen Schar froh gelaunter Menschen, die sich über die gewohnten Themen Kinder, Beruf,
Freizeit, Ferien und Politik wortreich mit einem Glas Bier
oder Wein in der Hand austauschten und zu denen wir uns
früher stets gerne gesellt hatten. Dieses Mal stellten sich
diese Themen für mich als nicht anschlussfähig heraus. Ich
empfand sie als oberflächlich, war der Inflation der Worte
rasch überdrüssig und fühlte mich zunehmend unwohl. Ich
passte nicht in diese oder andere Geburtstagsgesellschaften. Nicht die anderen, ich selbst hatte mich verändert,
nicht die anderen, ich selbst passte nicht mehr so recht in
die Welt, die sich unverändert weiterdrehte. Ich war aus

dieser Welt herausgefallen, als stünde ich ein wenig unbeteiligt und fremd geworden neben ihr. Ich fühlte mich ihr nicht mehr zugehörig, und das machte mir nicht das Geringste aus.

Eine gute Freundin meinte, Tobias würde bestimmt nicht wollen, dass ich weiterhin den Freuden des Lebens entsagen würde und traurig sei. Verstanden fühlte ich mich von ihr nicht. Ich selbst fand nicht zu der inneren Freiheit, die nötig ist, um das Leben zu genießen. Allerdings suchte ich sie auch nicht.

Indes freute ich mich über Einladungen zu Freunden nach Hause. Kleine Runde, die Intimität einer Wohnung kam meinem Bedürfnis nach Schutz und Abgeschiedenheit entgegen. Öffentliche Veranstaltungen gleich welcher Art waren für mich in den ersten Monaten überhaupt nicht vorstellbar. Es fiel mir im Gegensatz zu früher leicht, Einladungen auszuschlagen, wenn mir nicht wohl bei dem Gedanken daran war.

Für die Freunde waren die Begegnungen mit mir vermutlich nicht leicht. Ich verstand das. Wie sollten sie auch auf meine Tränen reagieren, wie meine Fragen nach dem zerstörten Glück des Lebens aushalten, was würde das Taktgefühl erfordern, welche Themen sollten sie selbst anschneiden, wie können sie sich überhaupt auf eine Begegnung mit einem derart verwundeten Menschen wie mir einlassen, welche ihrer eigenen Wunden würden durch die Begegnung mit mir wieder schmerzen? Wie können sie Trost formulieren, der innerlich heilend wirkt? – Einige wagten die Begegnung, und allein eine Resonanz auf meine Trauer und Ratlosigkeit zu erfahren, wirkte befreiend. Antworten oder Rat erwartete ich ohnehin nicht, aufrichtige Anteilnahme genügte völlig!

Eine Freundin hatte sich offenbar entschlossen, sich einmal wöchentlich telefonisch nach Bernadette und mir zu erkundigen. Mich berührte ihre Treue, jede Woche aufs Neue nach uns zu fragen.

Ich wurde wortkarger, stiller, nachdenklicher, in mich gekehrter. Kontakte zu anderen Menschen hatten an Attraktivität eingebüßt, ich war mit meinem Innenleben beschäftigt: Wie würde ich den Verlust meines Sohnes überleben können, ohne selbst Schaden zu nehmen? Wie sollte mein Leben weiter verlaufen? Es konnte doch nicht so weitergehen wie zuvor, als sei nichts geschehen. Doch je mehr Zeit verging, desto unwichtiger wurde diese Frage. Es erschien mir müßig, mir über Ziele Gedanken zu machen, ich *wollte* weiterleben, alles andere würde sich zeigen und gleichsam auf mich zukommen. Diese Überzeugung entlastete und schenkte mir größere Gelassenheit im Umgang mit meinen drängenden Lebensfragen.

Auch politische Themen interessierten mich auf einmal nur noch am Rande. Als das Reaktorunglück in Fukushima die Welt in Atem hielt und zu hektischen politischen Aktivitäten führte, erschien mir selbst der mögliche Untergang der Welt nicht beunruhigend. Er wurde zu einer Art Trost: Zumindest würde das Leiden an dem Verlust meines Sohnes aufhören. Und das wäre für mich eine gute Konsequenz.

Lea – eine Schwester

Wein, Zigaretten, Süßigkeiten – jegliches »Genussmittel« empfand ich als abartig. Mit dem Tod meines Bruders setzte eine Übelkeit ein, die erst nach der Beerdigung allmählich verschwand. Zudem begleitete mich über Wochen eine unheimliche Müdigkeit, die mir jegliche Kraft nahm. Die wenigen Sonnenstrahlen, die in diesem Winter auf unser Fleckchen Erde schienen, ärgerten mich. Ich fühlte mich von der Sonne provoziert, kraftvoll in den Tag zu starten. Denn dies entsprach keineswegs meiner inneren Welt. Die nämlich verlangte nach Ruhe, Stillstand, Stagnation.

Freunde versuchten mich aufzumuntern: »Dein Bruder würde bestimmt auch nicht wollen, dass du ...« oder »Dein Bruder wäre bestimmt stolz auf dich, wenn du ...« Gut gemeinte Ratschläge, die hart an mir abprallten, zeigten mir, wie weit entfernt Freunde und Bekannte sind – trotz ihrer innigen Anteilnahme. Kurz nach dem Verlust eines so wichtigen Menschen konnte ich nicht meinen Verstand »anknipsen«, mich von ihm leiten lassen und sagen »Hey, wie recht ihr habt, das Leben geht weiter«. Ich konnte meinen Schmerz, meine Trauer nicht von meinem Verstand kontrollieren lassen – und ich wollte es auch nicht. So hoffte ich immer noch, im Kokon der Trauer endlich begreifen zu können, was passiert war. Doch das ist mir bis heute nicht gelungen.

Viel mehr als Ratschläge haben mich Gesten und Verständnis für mein Ruhebedürfnis getröstet: Umarmungen, unterstützende Hände auf der Schulter oder auch die Ehrlichkeit, keine tröstenden Worte finden zu können. Besonders emphatisch tröstete mich der damals fünfjährige Sohn meines Partners mit einem spontan selbst gemalten Bild, auf dem mein Bruder lächelnd das Zentrum des Bildes einnimmt und ich, ebenfalls lächelnd, neben ihm stehe. Was für eine tröstende Aussage darüber, dass die innige Beziehung zwischen meinem Bruder und mir vielleicht irdisch, aber nicht seelisch beendet ist.

Mein Partner war in dieser Zeit mein »Fels in der Brandung«. Er hat sich nicht aufgedrängt, war nicht überfürsorglich, hat Tobis Tod nicht instrumentalisiert, um das Gefühl zu bekommen, »gebraucht zu werden«, eine Funktion zu haben. Er überschüttete mich nicht mit schlauen Sprüchen – eigentlich sagte er nicht viel. Aber: Er war einfach da. Er war mir nah, schaute nicht weg, nahm mich in den Arm, versuchte nicht zu tun, als sei nichts gewesen, und half mit ganz praktischen Dingen. Genau das war es, was ich brauchte, was mir guttat, was mir in dieser tristen Zeit Schutz bot.

Das Gefühl der Isoliertheit bezog sich nicht allein auf die Außenwelt. Auch Gott hatte keinen Platz mehr in meinem Leben. Ich empfand keine Wut und keinen Hass und stellte mir nicht die Frage nach dem »Warum«. Ich machte Gott nicht für das Geschehene verantwortlich oder verurteilte seine Passivität. Für Gott war schlicht kein Platz in meinem »neuen« Leben. Es gab keinen Raum für ihn. Die Trauer nahm allen emotionalen Raum ein. Ich dachte nicht einmal daran, zu beten. Alle Wünsche, Hoffnungen, Sehnsüchte besprach ich ohnehin mit Tobi. Viele Monate hat es gedauert, bis ich das erste Mal wieder einen Gottesdienst besuchen konnte.

Auch Weihnachten war im Grunde eine Zumutung. Ich fand es unerträglich, diesen Tag begehen zu müssen. Zum ersten Mal verstand ich jene Menschen, die sich vor diesem Fest das ganze Jahr fürchten. Wir verbrachten diesen Abend zwar wie in den Jahren zuvor – die gleichen Rituale, das gleiche Essen –, doch der weihnachtliche Glanz war verblasst. Dass der Heiland geboren wurde, interessierte mich nicht, wurde doch der Tod meines Bruders an diesem Tag so schmerzhaft deutlich.

Ich hatte mir eine Truhe gewünscht, um Erinnerungsstücke an die gemeinsame Zeit mit meinem Bruder zu sammeln, Briefe oder Kleidungsstücke. Auch heute, eineinhalb

Jahre nach Tobis Tod, öffne ich in einsamen Momenten die Truhe, um meinem Bruder besonders nahe zu sein.

Wenige Tage nach Weihnachten musste ich meinen »ersten« Geburtstag ohne Tobi begehen. Es war unerträglich, keine liebevoll geschriebenen Zeilen von ihm lesen zu können oder eine feste Umarmung zu bekommen. Wie froh war ich, als ich am Tag darauf mit meiner Familie in den Schwarzwald fuhr und Aachen und Köln hinter mir lassen konnte.

In diesem Urlaub fand ich auch die nötige Ruhe, um die liebevollen Karten und Briefe von Freunden erneut lesen zu können. In den ersten Tagen nach Tobis Tod hatten diese Kondolenzschreiben zwar gutgetan, trotzdem konnte ich damals die Zeilen nicht auf mich wirken lassen. Zu sehr war ich umfangen von Tränen, Schmerz und Fragen. Es tat gut, sie mit etwas mehr Abstand nochmal zu lesen.

Trost in der Trostlosigkeit

- **Trauernde** finden im Wechsel der Jahreszeiten und in der Wahrnehmung der Natur Tröstung und Hoffnung.
- Trauernde suchen bisweilen in häufigen Besuchen am Grab die Begegnung mit dem Verstorbenen. Dort halten sie mit ihm Zwiesprache oder suchen einfach die Stille.
- Trauernde können sich daher anfangs kaum vorstellen zu verreisen und das Grab »verwaist« zu lassen. Sie übergeben für die Zeit der Abwesenheit die Betreuung des Grabes an eine Vertrauensperson.
- Trauernde behalten bisherige Gewohnheiten, Traditionen und Rituale bei. Das vermittelt ihnen Halt und Stabilität.
- Trauernde wachen nachts häufig auf und erleben diese Stunden als Möglichkeit der ungestörten Zweisamkeit mit dem Verstorbenen. Die nächtlichen Wachzeiten lassen insbesondere die verzehrende Sehnsucht nach dem Verstorbenen spürbar werden.

- **Tröster** vermitteln den Trauernden Solidarität, indem auch sie das Grab besuchen.
- Tröster halten es aus und würdigen es, wenn Trauernde sich zurückziehen.
- Tröster stehen zu ihrer eigenen Hilflosigkeit.

5. Trotzdem Alltag leben
Arbeit und Freizeit

Aus den Trostbriefen

Wie nah ist das Mitfühlen und wie sehr kommen mir die Erinnerungen. Was sagt oder schreibt man in solch einer Trauer? Ich kann mich nur erinnern an das, was ich selbst erlebte, und kann nun wissen, was Euch bewegt. Tobias ist fort, er fehlt, er ist die Lücke in dem Kreis. Aber Ihr? Wo bleibt Ihr? Ihr Eltern und Geschwister und Freundin?

Wir, die wir zeitversetzt das gleiche Schicksal erfahren haben, kennen die Amputation eines Gliedes der Familie. Ein Arm? Ein Bein? Was fehlt? Es ist nicht zu beschreiben!

Trauerarbeit? Nein, das ist ein falscher Begriff: Die Trauer und der Schmerz springen uns an, wie ein Tiger aus dem Hinterhalt. Plötzlich, unvorbereitet, und sie machen mit uns, was sie wollen. Ein kleiner Anlass, Erinnerung, ein Bild, eine Musik, und schon ist er da, der Schmerz. Wie überwinden wir ihn? Oder wollen wir ihn überhaupt überwinden? Er kommt immer wieder – unerwartet – und tut sehr weh.

»Die Zeit heilt Wunden«, so bekommt man gesagt. Ich stimme dem nicht zu. Wir, die wir verlassen werden, richten uns irgendwie ein. Aber der Amputationsschmerz bleibt und die große Wunde.

Liebe Familie Rüggeberg, wir wissen, wie es ist, und fühlen mit Euch und wünschen Euch, dass Ihr aus dieser Erfahrung gestärkt hervorgeht. *Ehemalige Nachbarn*

Ich habe in letzter Zeit immer wieder an Dich und Deine Familie gedacht […]. Als ich Deine beiden E-Mails gelesen habe, musste ich jedes Mal weinen. Ich habe mich aber auch gefreut, dass Du uns so offen an Deiner Trauer teilhaben lässt […]. Ich finde es auch schön und beruhigend, dass Ihr mit Eurer Familie nun so eng zusammengerückt seid, um Euch gegenseitig Halt zu geben. Für Laura hoffe ich, dass sie bei Euch so viel Liebe empfängt, dass es ihr den Verlust ihres Papas irgendwann erträglich werden lässt. Für Euch Erwachsene hoffe ich, dass Tobias eines Tages einen besonderen Platz in Eurer Mitte einnimmt, dass Ihr spürt, dass er da ist und dass Ihr ihn in euren Herzen an allem teilhaben lasst, was Euch widerfährt. Ihr habt für die Todesanzeige einen Spruch gewählt, an dem Ihr Euch festhalten könnt: Dein Bruder ist nun in Gottes Hand und Ihr seid bei ihm und er bei Euch, da Ihr an ihn denkt und in Eurem Herzen tragt. *Freundin einer Schwester*

Perspektiven der Trauer

Bernadette – die Mutter

Nach der Beerdigung suchte ich instinktiv die Normalität. Sie verhalf mir im Alltag zu einer lebensrettenden Distanz gegenüber meiner inneren Katastrophe, um mich langsam an das Unerträgliche zu gewöhnen. Es war für mich selbstverständlich, meine Dienststelle aufzusuchen, meine Arbeit zu tun und meinen Mitarbeitern zu begegnen. Meine Kollegen schienen kaum glauben zu können, dass ich wieder da war. Für mich war es das Beste. Die Konzentration auf die verschiedenen Arbeitsaufträge machten mir die Verdrängung meiner inneren Not für Minuten, manchmal sogar für ein oder zwei Stunden möglich. Sobald ich jedoch von meinem Schreibtisch aufstand oder mein Blick auf das Foto in meinem Büro fiel, auf dem Tobias und Laura vergnügt Nutellabrote verspeisten, erfasste mich tiefe Verzweiflung. Ganz so einfach war der Alltag eben doch nicht. Auch an anderen Stellen zeigte sich, dass ich nicht mehr dieselbe war. Ich war vergesslich, manches schien wie ausgelöscht, ich musste mehr als zuvor Sachverhalte notieren und To-do-Listen erstellen. Meine Mitarbeiterinnen und Mitarbeiter taten alles, um ärgerliche Vorgänge von mir fernzuhalten oder selber zu lösen. Und noch etwas war anders: Berufliche Herausforderungen erhielten einen neuen Stellenwert. Vieles, was mich vor Tobias' Tod über Gebühr beschäftigen konnte, verlor an Brisanz. Die Trauer bot mir einen ungeahnten Schutz vor der Überbewertung von Konflikten und Auseinandersetzungen. Vielem ging ich aus dem Weg, suchte die kurze konkrete Klärung oder setzte deutlicher als zuvor Grenzen. Ich erweiterte mein Verhaltensrepertoire und nahm manches Problem nicht mehr so ernst. Im beruflichen Kontext war das sehr heilsam. Insgesamt gab der Beruf mir Struktur und lenkte mich wenigstens für einige Stunden von meinem Entsetzen ab.

Sobald ich allerdings auf meinem Fahrrad saß, um nach Hause zu fahren, holte mich die Trauer wieder ein. Kaum startete ich meinen täglichen Rückweg über die Rheinbrücke, überflutete mich der angestaute Schmerz bis in den letzten Winkel meiner Seele. Wochen und Monate legte ich diese neun Kilometer in tiefer Verwirrung zurück, hier konnte ich schluchzen, weinen oder laut mit Tobias sprechen.

Ein anderes Phänomen: Die Hausarbeit wurde zu einer Last. Zum Glück hatte ich schon seit Langem einmal in der Woche im Haushalt zuverlässige Unterstützung. Ich hatte einfach keine Kraft, nach der Arbeit das Haus zu reinigen. Die Wäsche und das Kochen ohne Hungergefühle fielen mir schon schwer genug und kosteten mich ungeahnte Anstrengungen. Auch der Garten blieb sich selbst überlassen, jeder Handgriff über das Nötigste hinaus ging nicht mehr.

Ich versuchte trotzdem an vielen Gewohnheiten festzuhalten und irgendwie den Alltag weiterzuführen. Wir trafen uns mit Freunden, die geduldig mit uns waren und anhaltendes Interesse an unseren inneren Kämpfen zeigten. Sie schenkten uns mit köstlichem Essen, vorsichtigem Nachfragen und achtsamem Zuhören ihre ganze Aufmerksamkeit. Es war für mich gut, auf diese vorsichtige Weise umsorgt zu werden und meine Beziehungen eher passiv leben zu dürfen. Nach jeder Begegnung ging ich ein wenig umsorgt und getröstet nach Hause.

Die große Schwäche verschonte auch meinen Körper nicht. Der regelmäßige Lauftreff mit einer Freundin wurde mir bald unmöglich. Die physischen Kräfte verließen mich, und ich begleitete meine laufende Freundin nur noch auf dem Fahrrad. Es dauerte zwei Jahre, bis ich wieder ausreichend Kraft für einen Dauerlauf hatte. Meine traurige Seele entzog mir die letzten Säfte auch dann, wenn ich mich körperlich nicht anstrengte.

Meine wöchentliche englische Konversation mit einer Jordanierin setzte ich dagegen nur kurz aus. Sie ist Muslimin, und uns verbindet eine große Neugierde auf die jeweilige Kultur und unsere unterschiedliche Herkunft. Ich war mir sicher, dass meine Trauer sie nicht überfordern würde.

Wir tauschten uns als Christin und Muslimin über den Tod und unseren Glauben an ein Leben danach aus. Ihre Zuversicht auf ein undefiniertes, aber heiles Sein nach dem Tod, das sie als intellektuelle junge Frau so selbstverständlich und sicher vertrat, gab mir Orientierung in meinen trostlosen Gedanken. Ihre Worte wurzelten in einer festen Überzeugung, die mich zuversichtlich zurückließ. Der Gedanke an einen gemeinsamen, alles umspannenden Gott der Lebenden und Toten beruhigte mich.

Unser Konzertabonnement war eine weitere heilsame Maßnahme. Zwei Stunden ohne Ablenkung, von klassischer Musik umhüllt und in ihr aufgehoben zu sein, versetzte mich in verdrängte Erinnerungswelten, in denen ich mich dank vieler lebendiger Bilder Tobias sehr nahe fühlte.

Das Singen hingegen war mir unmöglich. Jeder Ton blieb in meiner Kehle stecken. Singen gehörte für mich im Chor, mit Laura oder wenn ich im Radio einen Song hörte, zu meinem Alltag. Singen war stets Ausdruck meiner Leichtigkeit, meines positiven Denkens und Fühlens und weitete mir das Herz.

Das alles war für lange Zeit vorbei.

Klaus – der Vater

Nach sechs Wochen spürte ich, dass es an der Zeit war, meine Arbeit wieder aufzunehmen. Mir war klar, dass es dazu keine echte Alternative gab. Was sollte ich sonst mit der Zeit anfangen? Ich malte mir aus, wie schrecklich es sein würde, allein zu Hause zu sitzen und Tobias zu beweinen. Nichts würde sich dadurch bessern, die Tage würden lang werden und meine Hoffnung, ich würde eines Tages wieder einmal Licht am Horizont sehen und herausfinden, welche Ziele nun für mein Leben wichtig sein könnten, würde auch nicht befördert werden.

Zum ersten Mal in meinem Leben hatte ich Angst, zur Arbeit zu gehen. Ich fühlte mich überfordert damit, den Mitarbeitern zu begegnen und ihre Anteilnahme auszuhalten, ohne in Tränen auszubrechen. Ich hatte Mühe, mir vorzustellen, was ich ihnen sagen sollte. Ich konnte auch nicht einfach weitermachen, wo ich vor dem Tod von Tobias aufgehört hatte, ohne etwas zu sagen, zu erklären, ohne Fragen zu beantworten.

Es gelang mir, weitgehend unbemerkt in mein Büro zu gelangen, und ich war erleichtert, mit niemandem sprechen zu müssen. Einige Stunden verbrachte ich damit, Post durchzusehen, die Mailbox abzuhören und E-Mails zu lesen, und war froh, die erste Hürde genommen zu haben. Nach einigen Stunden fasste ich Mut und traute mich aus meinem Büro heraus, nicht ohne mich zuvor mit Taschentüchern auszustatten. Bis heute achte ich darauf, Taschentücher bei mir zu haben, weil die Tränen mich immer wieder überraschen.

Wie erwartet, hatten alle Mitarbeiterinnen und Mitarbeiter von meinem Verlust erfahren. Die einen drückten in wohltuender Weise ihr Mitgefühl aus, andere beließen es bei einem freundlichen Blick, wieder andere gaben zu verstehen, dass sie nicht wüssten, wie sie mir begegnen sollten, und unsicher seien, einige fragten mich direkt nach meinem Befinden und manche sprachen sehr wertschätzend aus, wie sehr sie sich freuten, dass ich wieder da sei, sie hätten mich am Arbeitsplatz vermisst und ohne mich hätte ein wichtiger Beitrag gefehlt. Eine solche Wertschätzung in meinem Gefühl der Lähmung, Leere und Kraftlosigkeit zu erfahren, baute mich ungemein auf.

Der Anfang war gemacht, die weiteren Tage verursachten keine Angst mehr. Im Laufe der ersten Wochen kamen häufiger Mitarbeiterinnen und Mitarbeiter auf mich zu, die von eigenen Erfahrungen mit dem Tod naher Angehöriger durch Krankheit oder Unfall berichteten und wie sie diese Herausforderung gemeistert hatten. Obwohl ich die meisten seit Jahren kannte, hatten sie diesen Teil ihres Lebens vor mir verborgen. Ich hatte den Eindruck, dass sie sich erst jetzt öffnen mochten, nachdem ich einer der ihren geworden war. Zu ihnen fühlte ich mich besonders hingezogen, begierig nahm ich alles auf, von dem ich annahm, es könnte mir helfen, meine eigene Trauer in Hoffnung zu überführen. Ich stellte ihnen viele Fragen: »Wie hast du wieder Lebensfreude gefunden, wie habt ihr euch als Familie getröstet, was hat euch geholfen, was blockiert, wie lange hat die Trauer gedauert, weinst du noch ab und zu, wie entwickelte sich die Beziehung der Eltern weiter, wie hat sich das Verhältnis der Geschwister gewandelt, welche Bedeutung hat das Grab für dich, empfindet ihr wieder Glück, wo steht ihr heute?«

Die Antworten ermutigten mich in dem Glauben an eine gute Zukunft unserer Familie, eine konkrete Vorstellung davon wollte mir jedoch nicht gelingen.

Nach einigen Wochen wagte ich auch wieder zum Hallenfußball zu gehen. Die erste Begegnung fiel auch hier schwer, doch die Freude über unser Wiedersehen erleichterte mir das Mitspielen.

Der Alltag hatte mich allmählich wieder, Steuererklärung, Urlaubsplanung, Nachlassverwaltung erforderten meine Aufmerksamkeit, und meiner beruflichen Tätigkeit ging ich in vollem Umfang wieder nach. Wie froh war ich, einen Arbeitsplatz zu haben! Die Tätigkeit erforderte meine ganze Aufmerksamkeit, ich fühlte mich von den verschiedenen Aufgaben beansprucht, und auch die sozialen

Kontakte bekamen mir gut. Meine berufliche Rolle verlieh mir Stabilität und Halt, sie war mir vertraut, hier fühlte ich mich sicher, und solange ich diese Rolle ausfüllte, spürte ich meine Trauer kaum. Erst auf dem Heimweg, abends und an Wochenenden kam es mir vor, als bemächtige sich die Trauer meiner, manchmal sprang sie mich unerwartet an wie ein wildes Tier auf der Jagd nach seiner Beute, manchmal entwickelte sie sich aus inneren Bildern, lebhaften Erinnerungen oder der tiefen Sehnsucht nach meinem Sohn.

Wenn ich heute mir mehr oder weniger bekannten Menschen begegne, grüßen sie oft, indem sie anstatt »Hallo« oder »Wie geht es?« auf moderne Weise fragen: »Alles gut?« Oft erwidere ich nichts, bisweilen nicke ich, ab und zu antworte ich mit einem entschiedenen »Nein!« und provoziere auf diese Weise Irritationen. Ich selbst hingegen werde durch diese Frage, die ein klares »Ja!« vorauszusetzen scheint, stets aufs Neue daran erinnert, dass nie mehr »alles gut« werden wird.

Rebecca – eine Schwester

Sechs Wochen nach Tobis Tod sind wir nach Montreal zurückgekehrt. Auch wenn uns die Nähe zu meiner Familie gutgetan hatte, spürten wir, dass die Zeit gekommen war, uns von dem »Trauerhaus« abzunabeln und uns als Kleinfamilie wieder zu finden. Der Wunsch, ein Stück »Normalität« zurückzugewinnen und meinen eigenen Bedürfnissen sowie denen meiner Tochter und meines Freundes nachgehen zu dürfen, wurde stärker und steuerte der Ohnmacht entgegen, die die Todesnachricht meines Bruders in den ersten Tagen ausgelöst hatte.

Die noch junge Mutterrolle hatte in mir ein neues Verantwortungsgefühl geweckt, das sich insbesondere auf das Wohl unserer Tochter konzentrierte. Tief in meinem Inneren war ich immer mehr damit beschäftigt, unsere Tochter vor der kollektiven Trauer abzuschirmen. Ich wollte die Struktur und Harmonie unserer Kleinfamilie vor dem Gefühlschaos der Großfamilie schützen. Ich sehnte mich danach, ein Stück der »heilen Welt«, in die unsere Tochter hineingeboren worden war, wieder herstellen zu können und ihr die leichten und freudvollen Seiten dieser Welt zu vermitteln. Die emotionale Distanz, die die Beziehung zwischen meinem Bruder und mir seit klein auf gekennzeichnet hatte, verhalf mir zu einer gewissen inneren Immunität.

Ich versuchte also, eine Trennlinie zu ziehen zwischen der Familie, in die ich hineingeboren worden war, und der, die ich mir selbst geschaffen hatte. Ich wehrte mich gegen die Vorstellung, der Tod meines Bruders und die damit verbundenen Tränen und zerbrochenen Hoffnungen könnten einen dunklen Schatten über meine kleine Familie werfen, die sich gerade erst gefunden hatte und im Begriff war, eine neue, verheißungsvolle Zukunft anzusteuern. Ich verspürte zunehmend den Wunsch, in Abgeschiedenheit von der Großfamilie wieder zu unserem alten Leben in Montreal zurückzufinden, um die neue Lebensfreude erfahren und leben zu dürfen, die die Geburt unserer Tochter bei uns jungen Eltern ausgelöst hatte. Auch mein Freund gab mir mehr und mehr zu verstehen, dass er sich nach Dreisamkeit und Intimität sehnte. So hoffte ich darauf, dass uns der Rückzug nach Montreal dabei helfen würde, Distanz zu den aufwühlenden Ereignissen der letzten Wochen und den damit verbundenen Emotionen zu schaffen.

Zurück in Montreal zog ich mich in unsere Kleinfamilie zurück und stürzte mich in die Arbeit. In dem Vorhaben, meine Doktorarbeit im nächsten Jahr zu beenden, war ich nun noch entschlossener. Ich suchte danach, all meine Sinne auf ein neues Ziel zu lenken, in der Hoffnung, mich von dem Trauma der letzten Wochen ablenken und in den gewohnten Alltag zurückfinden zu können. Zurückgezogen in meinem Büro und höchst konzentriert auf wissenschaftliche Texte und statistische Auswertungsverfahren errichtete ich mir meine intellektuelle Mikrowelt, fernab von jeglichen Gefühlen. Ja, mein Büro wurde zu einem Schlupfloch, das mir bei Bedarf Auszeiten von meiner Gefühlswelt ermöglichte. Indes kümmerte sich mein Freund, der neun Monate Elternzeit beantragt hatte, um unsere Tochter. Das Wechselspiel aus Arbeit und zärtlichem Familienleben stärkte mich und verhalf mir zu einem inneren Gleichgewicht.

Trotz dieses Kurswechsels, der es mir ermöglichte, mich von der Trauer abzuschirmen, holten mich die traumatischen Erlebnisse der vergangenen Wochen immer wieder ein. Ausgelöst durch Gespräche, in denen Tobias eine Rolle spielte, Familienfotos oder auch aus dem Nichts heraus, wurde die Unfassbarkeit seines plötzlichen Verschwindens unerträglich und ließ mich bitterlich weinen. Dann war ich froh, wenn ich meinen Freund an meiner Seite wusste und er mich in den Arm nahm. Oft zündeten wir in solchen Situationen eine Kerze an, um der Trauer ein warmes Gegenüber entgegenzusetzen. Wir hatten in diesen ersten Monaten oft eine Kerze dabei.

Noch häufiger aber lag ich morgens im Bett und dachte über den Sinn unseres Lebens nach. Ich stellte sämtliche Anstrengungen, die wir im Leben anstellten, um möglichst erfolgreich zu sein, infrage. Tobis Tod hatte die Hinfälligkeit unseres Lebens auf schonungslose Weise ins Bewusstsein gerückt und mein gesamtes Weltbild in ein neues Licht gestellt. Ich sah all die Menschen, die getrieben von dem Wunsch, ein reiches und erfolgreiches Leben zu führen, sich unentwegt abmühen, um auf der wirtschaftlichen Leiter möglichst weit nach oben zu klettern und sich dabei immer wieder aufs Neue beruflichen sowie privaten Strapazen zu unterziehen und mitunter auch Enttäuschungen überwinden zu müssen. Ganz zu schweigen von den Menschen, denen aufgrund von miserablen Lebensbedingungen ein unbeschwertes Leben verwehrt bleibt und die sich dennoch jeden Tag anstrengen müssen, um ihr Leben erträglicher zu gestalten. In diesem Zusammenhang verspürte ich bisweilen sogar einen Hauch von Neid auf Tobi, dem diese Anstrengungen durch seinen plötzlichen Tod erspart worden waren. Mein Bruder hatte es schon hinter sich, dieses Leben, das uns zwingt, uns immer wieder neu anzustrengen, um so viel wie möglich aus der uns verbleibenden und ständig schwindenden Zeit herauszuholen. Dem Tod langsam entgegenzuleben, war Tobi erspart worden. Er hatte es geschafft, ganz ohne sein Zutun und vermutlich ohne viel Leid, diesen Prozess zu beschleunigen. Diese Gedanken über den Tod schwirrten mir häufig morgens während des Aufwachens durch den Kopf, erschwerten mir das Aufstehen und raubten mir Kraft. An solchen Tagen kostete es mich mehr Energie, den Kurs zu halten und das Hier und Jetzt mit seinen Herausforderungen in Angriff zu nehmen.

Je bewusster ich aber das Wohl unserer Tochter in den Mittelpunkt unserer Bemühungen und Hoffnungen rückte, desto mehr trat mein Grübeln über den Sinn des Lebens in den Hintergrund. Die Lebensfreude Fridas war ansteckend und half, am gewohnten Alltag wieder anzuknüpfen. Der Wunsch, alles dafür zu tun, dass unser Kind in den Genuss eines schönen Lebens kommen würde, trieb mich an und drängte die Trauer in den Hintergrund. Verzaubert von ihren Entwicklungsschritten und ihrem friedlichen Wesen richtete ich meinen Blick nach vorne. Wir wollten ein zweites Kind, noch mehr von dem frischen Leben und der wohltuenden Aufbruchsstimmung, die unsere Partnerschaft durch die Geburt unserer Tochter erfahren hatte und die uns schneller als erahnt aus der Trauer wieder zurück ins pralle Leben gerissen hatte.

Ein Jahr nach Tobis Tod war ich erneut schwanger. Allerdings verlief diese zweite Schwangerschaft anders als erhofft. Im dritten Monat traten starke Blutungen auf. Wir hatten Angst, auch wir könnten die Erfahrung machen, ein Kind verlieren zu müssen. Schon wieder waren wir mit dem Tod konfrontiert, dieses Mal in der Elternrolle. Die Blutungen hielten über Wochen an. Es hatten sich verschiedene Hämatome im Mutterleib gebildet, die das Austragen des Embryos gefährdeten. Uns blieb nichts anderes übrig, als auf einen guten Ausgang zu hoffen, und im tiefsten Inneren glaubte ich fest daran, dass wir es schaffen würden. Ich schonte mich zu Hause und ließ mich umsorgen. Ich sträubte mich gegen die Vorstellung, ein Fluch könne auf unserer Familie liegen. Nein, es war unmöglich, dass sich das Schicksal, ein Kind zu verlieren, in der gleichen Familie binnen so kurzer Zeit wiederholen würde. Die Ärzte sowie persönliche Erfahrungsberichte gaben uns Hoffnung, trotz der Panik, die sich bei jeder Blutung einstellte. In der 20. Woche, kurz nachdem meine Mutter zur seelischen und praktischen Unterstützung eingetroffen war, war der Albtraum überstanden. Die Blutungen hörten mit einem Schlag auf und der Ultraschall bestätigte, dass meine Gebärmutter »hämatomfrei« sei. Ein paar Monate später wurde uns unsere zweite Tochter geschenkt. Und erneut machten wir die

Erfahrung, dass wir mit der Geburt unseres Kindes auch selbst wieder neu auf dieser Welt ankommen, beflügelt von überschwänglicher Freude und dem Geruch nach Neuanfang.

Trost in der Trostlosigkeit

- **Trauernde** haben weder Interesse noch Kraft, Konflikte anzugehen. Diese verlieren an Bedeutung, indem die Trauernden alle Herausforderungen an dem Trauerschmerz messen und dementsprechend relativieren.
- Trauernde brauchen Zeit. Aber Zeit allein heilt die Wunden nicht.
- Trauernde erleben Desorientierung und Vergesslichkeit. To-do-Listen helfen, die Struktur des Lebens aufrechtzuerhalten. Der großzügige Umgang mit sich selbst entlastet.
- Trauernde stärkt die Rückkehr in die bewährten Tagesabläufe. Vor allem die Wiederaufnahme der beruflichen Tätigkeit sowie der sozialen Kontakte richtet die Aufmerksamkeit auf andere Themen.

- **Tröster** bieten tatkräftige Unterstützung zur Aufrechterhaltung des Haushaltes an.
- Tröster lassen dem Schmerz Zeit und sind dennoch nicht gleichgültig.

6. Die Macht der Geschichten
Vom Sammeln der Erinnerungen

Aus den Trostbriefen

Der Tod von Tobias macht mich sprachlos und sehr traurig. Die Frage nach dem Warum können wir nicht beantworten, was bleibt, ist die Erinnerung an die schönen Momente.

Schon kurz nach seiner Anstellung in unserer Firma habe ich Tobias kennengelernt. Gleich bemerkte ich, dass er unter den vielen Kollegen doch ein ganz besonderer Mensch war. Man konnte in den Gesprächen mit ihm seine Werte- und Menschenorientierung spüren, er war manchmal tiefsinnig, aber oft auch lustig und kommunikativ.

Zurückblickend erinnere ich mich auch an unser gemeinsames Teamtraining im Sauerland. Wir hatten zu zweit die Aufgabe, angeseilt über einen Klettersteig auf den Gipfel eines Felsens zu steigen. Der eine mit verbundenen Augen und der andere sehend, mit aller Verantwortung für die Sicherheit und die Anleitung seines Kletterpartners. Tobias führte mich mit präzisen Instruktionen Schritt für Schritt den Felsen hinauf. Es war eine Situation der besonderen Verlässlichkeit und Vertrautheit, in der er mich mit seiner Stimme auf den Gipfel getragen hat.

So wünsche ich Ihnen in diesen schweren Stunden, dass auch Sie spüren, getragen zu werden.

Ein Kollege von Tobias

Ich denke oft und viel an Euch alle. Wisst Ihr, für mich seid Ihr als Familie unvergessliche Begleiter meiner Kindheit und Jugend und dadurch immer ein Teil meines Lebens. Kaum finde ich Worte, aber ich will Euch sagen, dass ich mit Euch bin und Euch unterstützen will, wenn ich irgendwie kann. Ich weine viel, und mir stockt immer wieder der Atem, wenn ich nachts aufwache und daran denke, was passiert ist.

Seit einigen Tage gucke ich Bilder und lasse Erinnerungen wach werden. Zypern war einer meiner schönsten Urlaube. Ich denke daran, wie wir an fast verlassenen Stränden gemeinsam geschwommen sind, wie ich nachts mit Tobias durch den Bungalowpark spazierte, wie Rebecca und ich sogar am Strand Eiskunstlaufen konnten und wie wir beim Frühstück immer Orangensaft geteilt haben. Ich schicke Euch eine Erinnerung an diese Zeit, die unsere Erinnerung bleibt. *Eine Kindheitsfreundin von Tobias*

Es tut mir unendlich leid, was Dir und Deiner Familie zugestoßen ist. Worte können nicht ausdrücken, was ich Dir mitteilen möchte. Ich wünschte, ich wäre bei Dir, um Dich zu unterstützen, Dir Halt und Kraft zu geben. Es zerreißt mir mein Herz zu wissen, dass Du gerade einen unbeschreiblichen Schmerz empfindest [...]. Ich würde Dich so gerne in den Arm nehmen und meine kleine Laura auch.

Ich denke gerade daran, als wir alle gemeinsam am Baggerloch waren, Laura, Dein Bruder, Alex, Du und ich. Die kleine Laura, Du und ich haben auf der Luftmatratze »posiert« und Tobi hat Fotos gemacht. Diese kleinen Momente müssen wir in Erinnerung behalten und daran denken, was für ein toller Mensch Dein Bruder war.

Freundin einer Tochter

Perspektiven der Trauer

Bernadette – die Mutter

Mein Leben war stets vorwärts gerichtet. Zukunftspläne, »Projekte« für uns als Familie oder Paar bestimmten meine Gedankenwelt bei Tag und Nacht. Nun stand ich ohnmächtig vor meinem zerrissenen Leben und meinen verlorenen Träumen.

Es blieben die Geschichten über Tobias, die uns seine Freunde in immer neuen Varianten erzählten. Sie erfüllten mich immer wieder mit Dank und Stolz, ließen mich Glück aber nur noch im Rückblick erleben. Glück lag in der vollständigen Familie. Und so ließ sich Glück nur durch Erzählungen für Augenblicke in meiner Fantasie wieder herstellen. Diese Augenblicke machten Tobias für mich lebendig, ich konnte Seiten an ihm entdecken, die er vor uns verborgen hatte, die wir nie kennengelernt hätten, wenn wir vor ihm gestorben wären. Diese Geschichten gingen mir so tief unter die Haut, dass ich zu spüren glaubte, wie er mich zur Begrüßung umarmte, wie er über Witze ansteckend lachte oder nachdenklich über Begegnungen reflektierte.

Mitten im Alltag konnte ich ohne Vorwarnung von einer Erinnerung völlig überrollt werden. Ich saß entspannt im Museumscafé in der Sonne und sah, wie eine Mutter ihren kleinen Sohn auf dem Arm hielt, sein Kopf auf ihrer Schulter lag. Sie sang das Lied der Liveband mit: »Those were the days my friend, we thought they never end ...« Ja, das hatte ich auch gedacht. Mich überfiel eine tiefe Wehmut und Verzweiflung. Wie oft hatte ich Tobias, der so schlecht einschlafen konnte, in seiner Unruhe auf dem Arm gehalten. Wie gerne hatte er geschmust, wie schwer war es doch, ihn zu beruhigen, der so voller Tatendrang war. – Ich musste das Café verlassen.

Gemeinsam mit Laura erfand ich ein Gute-Nacht-Ritual, das ihr den Vater, mir den Sohn ganz nahe brachte. Sie wünschte sich abends vor dem Schlafen immer eine Massage, stets verbunden mit der Bitte nach einer Papa-Geschichte. Sie lag dann auf dem Bauch und mit der ersten Handbewegung erzählte ich von Tobias' Kindheit und Jugend. Sie hörte aufmerksam zu, entspannte sich und konnte nicht genug von meinen Erzählungen bekommen. An einzelnen Stellen fragte sie genauer nach. Kaum hatte ich mit den ersten Worten begonnen, fielen mir mehr und mehr Details zu diesen Erlebnissen ein. An den Abenden, an denen Laura bei uns schlief, freuten wir uns beide sehr auf dieses Einschlafritual. Tobias als Papa und Sohn war in diesen Momenten ganz nah, und wir beide konnten die schmerzliche Realität ein wenig besser aushalten. Immer wieder überfiel mich die Sorge, mir würde nichts mehr für die nächste Massage einfallen. Doch dann setzte ich mich hin, nahm Stift und Papier und begann den Satz: »Wenn ich mich an Tobias erinnere …« zu schreiben. Kaum hatte ich diesen Satz begonnen, dessen Ende ich beim Niederschreiben noch nicht kannte, tauchten längst versunkene Erinnerungen wieder auf.

Eine andere unerwartete Geschichtenquelle war Tobias' Arbeitgeber. Man lud uns direkt ein, Tobias' Büro kennenzulernen. Seine engsten Mitarbeiter und Mitarbeiterinnen saßen mit uns zusammen und jeder hatte eine, meist heitere Erinnerung an ihn zu berichten. Ich hing förmlich an den Lippen der mir bis dahin kaum bekannten Kollegen. Es war das Schönste, diese unbekannten Geschichten zu hören, ich sog sie wie ein Schwamm in meine Seele auf. Ich durfte auf diese Weise sehr viel Zuneigung erfahren, die ursprünglich

Tobias gegolten hatte. Uns wurde berichtet, wie er in seiner Abteilung neue Akzente gesetzt hatte, wie kreativ er an Probleme herangegangen war und wie er gerade im Umgang mit Menschen versucht hatte, die Interessen des Unternehmens ebenso zu gewichten wie die der Mitarbeiter, für die er zuständig war. In den vier Berufsjahren hatte er in hohem Tempo seine Talente auf vielfältige Weise eingesetzt. In allen Geschichten zeigte sich uns, wie reich sein Leben gewesen war. Eine Erkenntnis, die mich immer wieder beruhigte.

Seit Tobias' Tod waren wir als Familie so verbunden wie nie zuvor, die Entfernung nach Kanada konnte per Skype genauso leicht überwunden werden wie die nach Aachen oder in den zwei Kilometer entfernten Nachbarort, wo unsere andere Tochter wohnte. Kaum saßen wir zusammen, kam unser Gespräch auf ihn, erinnerte uns ein Song, den er mochte, oder eine Geste von Laura, die wir auch von Tobias kannten. Unser Zusammensein war meistens heiter und schenkte uns in unserer gemeinsamen Sehnsucht Geborgenheit. Tobias war in seiner Abwesenheit präsent.

Die vielen Urlaube, die unterschiedlichsten Aktivitäten, die wir als Familie in früheren Jahren miteinander erlebt hatten, wurden nun zu einem Quell tröstlicher Geschichten. In den ersten Monaten beteiligten sich auch unsere Freunde an den Geschichten. Später aber, wenn in einer Runde über unsere Kinder gesprochen wurde und ich auch Erinnerungen von Tobias erzählte, erntete ich oft nur betroffenes Schweigen. Nach unseren Töchtern erkundigte man sich weiterhin, nach unserer Beziehung zu Tobias fragte fast niemand. Dabei war es doch mein Wunsch, ihn durch unsere Erzählungen weiterleben zu lassen. Denn solange wir uns seine Lebensgeschichten erzählen, lebt er mit mir, ist er ein enger Begleiter, der einen neuen, festen Platz in unserer Familie erworben hat, auch zur Bereicherung für seine Nichten und Neffen, die ihn nicht erleben konnten.

Klaus – der Vater

In den ersten Wochen und Monaten nach Tobias' Tod spürten wir ein großes Bedürfnis, Geschichten zu hören, die andere mit ihm erlebt hatten und mithilfe derer wir hofften, noch mehr und andere Seiten an ihm zu entdecken. Ich war begierig, diese Erzählungen zu hören, sie vermittelten mir wertvolle Einblicke in das Leben meines Kindes, und alles, was seinen Wert und seine Würde betonte, war willkommen und tat mir gut! Sie zeigten die Fülle, die sein Leben ausgezeichnet hatte. Zugleich stimmten sie mich traurig. Es war zu Ende mit diesem Reichtum an Leben.

Die größte Macht indes entfalteten die Geschichten und Bilder, die in meinem Inneren schlummerten und die ich mir vor Augen führte. Ich »sah« ihn, wie er geboren wurde, wie er als Baby schrie und nicht zu beruhigen war, wie er im Kindergarten erste kleine Theaterstücke aufführte, ich sah ihn, wie er als Grundschüler das Fußballspielen begann, wie ich mit ihm und der ganzen Familie jedes Jahr die Ferien in Italien verbrachte, als Kommunionkind, wie er erste Bekanntschaft mit dem Alkohol machte, als stolzen Abiturienten, der mit seinen Klassenkameraden in der Stretchlimousine vorfuhr, als jungen Vater, aber auch als Erwachsenen, dessen innere Unruhe ihn einerseits antrieb, ihm andererseits auch das Leben schwermachte – die Erinnerungen waren schier grenzenlos.

In den ersten Monaten nach seinem Tod vermied ich allerdings, mich zu erinnern, weil ich davon überzeugt war, dass diese Geschichten zu schmerzhaft sein würden. Erst recht traue ich mich nicht, auch nur eines der ungezählten Fotos und Dias anzuschauen, die so viele Geschichten über ihn und auch über uns alle und unsere gemeinsamen Erlebnisse bereithielten. Ich hatte Angst, ich könnte diese Geschichten der heilen Welt nicht aushalten und die Traurigkeit würde mich überfluten.

Im Laufe der Jahre hatte ich Tausende Dias, vornehmlich in Urlauben mit unserer ganzen Familie aufgenommen, deren Qualität ich bewahren und sie daher digitalisieren lassen wollte. Nachdem ich sie alle in Kartons verstaut hatte, ging mir auf, dass ich die wesentlichen glücklichen Geschichten der vergangenen dreißig Jahre, in Bildern zusammengefasst, aus dem Haus trug. Ich hatte das Gefühl, einen Schatz in Händen zu halten, und zugleich wurde mir schmerzlich bewusst, dass dieser Schatz Geschichte ist.

Laura – die Tochter

Eine der schönsten Geschichten, die ich mit meinem Papa erlebt habe, war ein Besuch an einem Sonntagnachmittag im Schwimmbad in Aachen. Wir tobten zusammen im Wasser. Nach einigen Sprüngen vom Beckenrand, weiteren Versuchen zu tauchen und Kunststücken, schien mein Papa aber die Lust zu verlieren. Er verabschiedete sich auf die Toilette. Ich dagegen suchte mein Lieblingsplanschbecken auf. Nach kurzer Zeit fand mich mein Papa im Becken schwimmend und forderte mich auf, doch noch mal vom Bock zu springen und anschließend direkt eine lange Bahn zu schwimmen. Er wolle doch einfach mal sehen, was ich alles schon könnte.

Gesagt, getan, der Sprung fiel mir genauso leicht wie die

lange Bahn zu schwimmen. Er war so begeistert, dass ich anschließend noch einen Ring aus 1,50 Metern Tiefe heraufholen sollte. Zu Recht hatte ich Bedenken, und so schaffte ich es leider auch nicht beim ersten Mal. »Zum Glück mache ich ja noch nicht mein Seepferdchen«, dachte ich mir. Papa gab nicht auf und ermunterte mich, es noch mal zu versuchen. Tatsächlich gelang mir dieser Versuch und ich war happy. Danach gingen wir wieder ins Warmwasserbecken, machten Kunststücke und tobten ausgelassen weiter. Bald war unsere Schwimmzeit abgelaufen, und wir mussten uns beeilen. Kurz bevor wir draußen waren, fasste mich jemand an der Schulter. Erschrocken drehte ich mich um. Es war der Bademeister, er gratulierte mir zu meinem Seepferdchen und zeigte mir mein Abzeichen. Verwundert guckte ich meinen Papa an. Das konnte nicht sein, er hatte mich bestimmt mit einem anderen Kind verwechselt. Doch mein Papa nahm mich in die Arme und beglückwünschte mich. Es stellte sich heraus, dass er alles mit dem Bademeister heimlich geklärt hatte und dieser aus sicherer Entfernung meine Schwimmkünste beobachtet hatte. Ich war riesig stolz. Anschließend gingen wir zu meiner Uroma, sie sollte mir das Abzeichen annähen. Mein Papa hatte alles mit ihr abgesprochen, sodass sie ihre Nähsachen schon mal rauslegte und ein dickes Eis zur Belohnung für mich bereithielt. Das war der perfekte Tag für mich!

Wenn ich an dieses Erlebnis mit meinem Papa denke, dann fühle ich Trauer, aber auch Freude, dass ich so eine schöne Geschichte mit ihm erleben durfte. Es macht mir sogar Spaß, diese Geschichten zu erzählen, dann kann ich mich immer wieder in diese Situation hineinversetzen und spüre ganz viel Liebe von meinem Papa.

Wenn andere Geschichten von meinem Papa erzählen, dann spüre ich ebenfalls zuerst Trauer und dann merke ich so richtig, wie sehr er mir fehlt, denn wenn er noch lebte, würde mir ja niemand diese Geschichten erzählen. Aber so erfahre ich auch nach seinem Tod noch viele lustige, spannende, traurige und vor allem schöne Geschichten von ihm. Ich sammle sie in meinem Herzen und bewahre sie für meine eigenen Kinder auf.

Trost in der Trostlosigkeit

- **Trauernde** erinnern sich gerne an schöne und auch schwere Zeiten mit dem Verstorbenen, an seine wunderbaren Seiten und finden mit der Zeit die Kraft, sich auch mit seinen Schattenseiten zu beschäftigen.
- Trauernde sprechen den erlittenen Verlust gerne immer wieder an. Ihre gemeinsame Geschichte mit dem Verstorbenen erweist sich als unerschöpfliche Quelle.
- Trauernde benötigen weniger Worte als vielmehr behutsame Zuwendung, kleine Zeichen der Aufmerksamkeit, manchmal auch vorsichtige Berührungen.
- Trauernde leiden besonders an freien Wochenenden, Feiertagen, Gedenktagen.
- Trauernde wollen den Verstorbenen niemals loslassen. Denn der Tod beendet das Leben, nicht aber die Liebe.
- Trauernde »er-finden« eine neue, innere Art der Liebe, die dem Verstorbenen einen festen Platz in ihrem Leben einräumt.

- **Tröster** beschenken die Trauernden mit Geschichten und Anekdoten, vor allem über erfüllte Zeiten, die ihnen bisher unbekannt waren.
- Tröster können keine Wunden aufreißen, die Wunden sind bereits offen.
- Tröster hören aufmerksam zu, wenn die Trauernden über ihren unermesslichen Verlust sprechen möchten.
- Tröster bieten an, für die Trauernden zu beten.

7. Wo ist Hilfe?
Rat und Trauerbegleitung

Aus den Trostbriefen

Ich glaube an ein Leben nach dem Tod. Ich glaube, dass unsere Toten an uns denken und einige von ihnen wie Engel über uns wachen. Da schwingen Erzählungen meiner Eltern mit aus ihrer eigenen Familie, aus den Kriegsjahren, wo beide ihre Geschwister verloren haben, wo ein Vater in seiner Sterbestunde auf dem Schlachtfeld seinem Kind zu Hause Lebewohl sagte und keiner dem Kind zunächst glauben wollte, bis die Nachricht kam, dass er genau zu dieser Stunde gestorben war.

Was hätte Tobias Euch wohl noch sagen mögen, wenn er die Zeit und die Möglichkeit gehabt hätte, sich zu verabschieden und Euch allen noch Lebewohl zu sagen? ›Danke, dass ihr mich geboren habt, danke, dass ihr mich getragen habt, danke, dass ihr mich geleitet habt, danke, dass ihr mich habt mich erfahren lassen, danke, dass ihr mich habt frei werden lassen, danke, dass ich meine Fehler machen durfte, danke, dass ihr immer für mich und meine Tochter da wart und seid, danke, dass ich drei Schwestern haben durfte, danke, dass ich die Welt erfahren durfte, danke allen, die mir nahe sein durften, danke, dass ihr mich auch jetzt frei lasst – ich werde immer bei euch sein!‹

Ein Onkel von Tobias

In Euch wird der gestrige Tag sicher noch mehr nachklingen als in uns. Aber das, was wir gestern bei Tobias' Requiem und Beerdigung empfunden haben, hat uns nachhaltig bewegt und hinterlässt sicher seine Spuren. All die Wertschätzung, die Tobias zuteilwurde, ist in gleichem Maße ebenso Euch zugedacht und will zeigen, was er durch Euch geworden ist.

Ich habe selten so viele Männer weinen sehen wie gestern, und das zeigt einmal mehr, dass alle darum wissen, ihre Gefühle mit Euch teilen zu dürfen, auch wenn das im Alltag ja oft verpönt zu sein scheint.

Es ist sicher noch verfrüht, wenn ich Euch wünsche, möglichst bald wieder Eure »alte« Unbeschwertheit, Offenheit und Fröhlichkeit zu finden. Aber vielleicht werden Eure Enkel diese Zeit dorthin beschleunigen. Wenn wir dabei einen bescheidenen Beitrag leisten können, so sind wir dazu gerne bereit.

Wir melden uns ab und an mal bei Euch, so wie bisher, möchten Euch aber nicht über Gebühr strapazieren, da wir sicher nicht die Einzigen mit solchen Angeboten sein werden. Selbstverständlich könnt Ihr aber auch uns anrufen, wann immer Ihr das Bedürfnis dazu habt.

Freunde der Eltern

Wir denken sehr, sehr viel an Euch. Mira und Mona sagten, dass Tobias jetzt bestimmt im Himmel sei und von dort ganz dolle auf seine Tochter aufpasse, und fragten sich, ob er friert und sich mit warmen Sommer-Wolken zudeckt, jetzt wo aus den hiesigen Wolken kalter Schnee herauspurzelt.

Ich würde Euch gern ans Herz drücken!

Freunde der Eltern

Da ich Dich und Deine Stimme vermisse, aber Dich nicht anrufen will, schicke ich Dir diesen Brief. Ich versuche, Dich so zu behandeln, wie ich denke, dass es für mich damals gut gewesen wäre. Ich werde Dir NICHT mein Beileid aussprechen. Das überlasse ich den anderen, die dies getan haben oder tun […]. Ich konnte es damals zumindest irgendwann nicht mehr ertragen.

Ich würde lügen, wenn ich Dir jetzt sagen würde »Das wird schon« oder »Die Zeit heilt alle Wunden«. Denn das wird sie nicht. Auch wenn Du Dir das manchmal als Selbstschutz einredest. Du kannst vielleicht mit der Zeit lernen, damit umzugehen.

Als Letztes habe ich diesem Brief einen speziellen »Anhang« beigefügt. Es ist etwas Besonderes. Es hat mir damals während meiner schweren Zeit ein wenig Trost gespendet und ich habe es seitdem nie aus der Hand gegeben. Aber ich denke, Du brauchst es (*ein Stofftaschentuch*) jetzt mehr als ich, daher sollst Du es nun erhalten. Denn diese Papiertaschentücher tun nach einer Zeit echt weh – glaub mir.

Freundin einer Tochter

Perspektiven der Trauer

Bernadette – die Mutter

Ratschläge konnte ich nicht ertragen. Wir waren dankbar, dass unsere Freunde uns nicht mit Hinweisen und Anleitungen bedachten. Das hätte ich als Hohn erlebt. Ich sah mich weit entfernt von unseren Freunden, die in einer anderen Welt lebten. Trotzdem wünschte ich mir Hilfe und begann nach Menschen zu suchen, die Ähnliches erlebt hatten. Ich wollte allerdings keine Selbsthilfegruppe aufsuchen, in der ich auf Eltern von verstorbenen Kindern jeglichen Alters treffen würde. Ich wollte mit Eltern sprechen, die ein junges erwachsenes Kind verloren hatten, die in einer ähnlichen Lebensphase wie wir ihr Kind verabschieden mussten, deren Kind im gleichen Lebensabschnitt wie Tobias aus dem Leben schied, die aus dem vollen Glück heraus in ein tief beschädigtes Leben gestürzt wurden. Das gestaltete sich selbst in einer Millionenstadt nicht so einfach. Wir nahmen mit Selbsthilfegruppen Kontakt auf, um vielleicht mit ähnlich Betroffenen für ein persönliches Gespräch zusammengeführt zu werden. Leider kamen wir auf diesem Wege nicht weiter. Schließlich vermittelten uns Freunde den Kontakt zu zwei Familien, eine wohnte sogar in unserer Nähe. Sie hatte ihren Sohn ebenfalls im Urlaub durch einen Unfall verloren. Das Paar meldete sich und lud uns zu sich ein. Diese betroffenen Eltern waren für mich die Profis in der Trauerbewältigung. Sie wussten, wovon sie sprachen. Unser Treffen fand drei Monate nach Tobias' Tod statt. Sie waren uns sieben Jahre voraus. Wir saßen in sehr angenehmer Atmosphäre zusammen. Beide empfingen uns ausgesprochen offen und zugewandt. Das nahm uns die Scheu, sie über alles zu befragen. Uns beschäftigte insbesondere die Frage, wie das Schlimmste, was Eltern passieren kann, überlebt und überstanden werden kann. Sie erzählten, wie sie zuerst gelähmt und handlungsunfähig waren, sie sprachen vom Trost durch die beiden anderen Kinder und mittlerweile auch durch die Enkel. Sie schilderten, wie sehr die Freunde des verstorbenen Sohnes ihnen halfen – durch Feste an seinen Geburtstagen und schlicht durch den anhaltenden Kontakt. Es tat gut, ihnen zuzuhören. Dennoch hatten die beiden den Verlust sehr unterschiedlich verarbeitet. Die tiefe Traurigkeit der Mutter war immer noch spürbar, weniger durch ihre Worte als vielmehr durch ihre Ausstrahlung. Würde es letztlich so wenig Trost und Linderung geben? Wann würden neue Gefühle stark genug sein, meine Trauer zu besänftigen?

Andere Gesprächspartnerinnen fand ich in dem Altenheim, in dem meine Mutter lebt. Zwei ihrer Freundinnen hatten wie ich ihre Söhne sehr früh und plötzlich verloren. Sie waren mir rasch sehr vertraut. Eine von ihnen hatte nach dem Verlust nie mehr über ihre Trauer gesprochen, selbst nicht in ihrer eigenen Familie. Es war für mich sehr bewegend, als sie sich mir öffnete und von ihrem vor 55 Jahren verunglückten Sohn und ihren anhaltenden Gefühlen für ihn sprach. Täglich, auch nach all den Jahren, ging sie mit ihren Gedanken an ihn abends zu Bett und fühlte sich ihm tief verbunden. Es tröstete mich, wie verstorbene Kinder, manchmal tief verborgen, in ihren Familien wie selbstverständlich weiter mitleben.

Dann die Bücher: Mit den Beileidsschreiben kamen die Buchgeschenke. Ich las sie alle, auch sie halfen mir aus meiner Trostlosigkeit auszusteigen, ich entdeckte beim Lesen, dass ich in meinem Leid nicht alleine war. Ich sah, wie andere Menschen ihr Schicksal meisterten, wie sie daraus hervorgingen, auch wenn sie ihr Leben lang litten. Fremde Schicksale gaben mir Gelegenheit, mein Entsetzen und die Unfassbarkeit dessen, was mir widerfahren war, wie in einem Spiegel zu erleben. Besonders berührte mich: »Requiem für ein Kind, Trauer und Trost berühmter Eltern« von Joseph Groben.

Hier befand ich mich von Cicero bis Käthe Kollwitz in vertrauter Gesellschaft. Alle hatten sie, teilweise Jahrhunderte zurückliegend, mindestens ein Kind verloren und versucht, nach und nach mit diesem Verlust ein neues Leben zu finden. Der zeitliche Abstand, der uns Trauernde trennte, spielte dabei keine Rolle. Diese Erschütterung verbindet alle betroffenen Eltern über die Jahrhunderte hinweg.

Das Lesen kam außerdem meiner Stimmung entgegen. Die Bücher waren immer da, ich konnte sie zur Hand nehmen, wann immer ich wollte. Über lange Zeit waren sie nach jedem Arbeitstag ein Weg, um mich mit Tobias in Verbindung zu setzen, meine Verzweiflung zu bändigen und mich in Balance zu halten. Durch die Bücher war ich nicht mehr alleine und doch nahe bei mir, anders als bei jeder Verabredung. Sie forderten nichts von mir, schenkten mir Worte, als ich noch stumm war.

Zu den Trostbüchern gehörte auch die Bibel. Auch wenn ich in den ersten Monaten großen Abstand zu Gott hielt, blieb die Bibel für mich das wichtigste Buch. Sie schenkte mir nach Bedarf Gedanken, die mich neu justierten, meine Blickrichtung wenigstens für kurze Zeit veränderten. Das erste Mal in meinem Leben konnte ich mit der Intensität der Psalmen etwas anfangen, begriff die unendliche Verzweiflung Hiobs. In meinem alten Leben waren mir viele Formulierungen zu pathetisch, zu überzogen vorgekommen. Jetzt schenkten sie mir Trost und halfen mir, mit Intensität am Leben festzuhalten, ja sogar hin und wieder meine Traurigkeit in die Ewigkeit, in ein großes undefiniertes Ganzes, einzubinden.

Doch auf Dauer reichte der stille Beistand der Bücher nicht aus. Depressive Verstimmungen erfassten mich immer wieder und hinterließen mich körperlich und seelisch erschöpft. Eine Kollegin empfahl mir darum einen Trauerbegleiter, der ihre Freundin, die zwei Kinder verloren hatte, begleitet hatte. Dieser Freundin sei es auch dank dieser Begleitung gelungen, nicht zu verbittern. Mir schien das zu dieser Zeit kaum vorstellbar, nicht zu verbittern und stumpf zu werden. Die erste Stunde mit diesem erfahrenen Notfallseelsorger verbrachte ich fast nur mit erlösendem Weinen. Ich konnte alles Angestaute loslassen und hatte ein Gegenüber nur für mich. Er sah meine Trauer und konnte sie aushalten, er fühlte sich nicht durch mich und meine Geschichte bedroht und überfordert. Alleine, dass ich eine Stunde ungestört, ohne Sorge um mein vielleicht überfordertes Gegenüber, über meine tiefe Sehnsucht nach Tobias sprechen konnte, tat gut. Von diesen Gesprächen, die ich über ein Jahr monatlich hatte, fuhr ich stets getröstet nach Hause. In ihnen wuchs die Überzeugung, dass ich mich nicht anstrengen muss, um Tobias in meinem Alltag zu begegnen. Er begegnet vielmehr mir und zeigt sich auf vielfältige Weise. Ich kann und darf aufhören, nach Tobias zu suchen. Mein Leitsatz wurde: »Was sucht ihr den Lebenden bei den Toten?« Mit der Botschaft, die in der Bibel den Frauen vor dem leeren Grab Jesu gesagt wird, begann sich mein Gefühl zu verändern. Ich konnte darauf vertrauen, dass ich Tobias begegnen würde. Und tatsächlich: In der Natur, bei Waldspaziergängen verdichtete sich meine Verbindung zu Tobias in selbstverständlicher Weise, hier wusste ich ihn um mich, hier war für mich die Ewigkeit im Duft, im Licht, in Pflanzen und dem Wirken der Jahreszeiten erfahrbar. In der Trauerbegleitung tastete ich mich auch an ein neues Verständnis oder vielmehr an ein neues leibhaftiges Erleben der Auferstehung heran. Direkt nach der Todesnachricht war mir ja mit dem Bibelwort »Noch heute wirst du mit mir im Paradies sein« die Gewissheit geschenkt worden, es gehe ihm gut. Diese Sicherheit war einfach in mir, und sie hat mich bis heute nicht verlassen.

Klaus – der Vater

Wer hält mich, traut sich an mein Inneres heran, wer kann mich aufrichten, hält meine Tränen aus, wer mag meine Verzweiflung sehen, wer versteht etwas von einem solchen Abgrund? Wer kennt sich überhaupt mit Abgründen aus, die Angst und Schrecken verbreiten? Ich bin mitten im Leben und zugleich aus diesem Leben herausgefallen, ich nehme teil an diesem Leben und fühle mich zugleich in ihm fremd.

Der Verlust meines Kindes ist wie eine klaffende Wunde, die sich nicht schließen mag. Mit keinem der herkömmlichen Mittel ist ihr beizukommen, einmal scheint sie allmählich zu verkrusten, dann wieder reißt sie immer tiefer auf. Ein anderes Mal scheint es mir gelungen, mich an den Schmerz zu gewöhnen, doch dann bricht er wieder auf, als sei die Wunde frisch geschlagen worden.

Ich spürte einen starken Wunsch, Menschen zu treffen, die einen solch unermesslichen Verlust des geliebten erwachsenen Kindes selbst erlebt und durchlitten hatten und »am Leben geblieben« waren. Diese »Experten des Lebens«, so meine Hoffnung, könnten meine Fragen beantworten und mir vor allem einen Weg in eine wenigstens erträgliche Zukunft zeigen. Wer sonst, wenn nicht diese selbst betroffenen Eltern, würde wissen, wie mein Leben weitergehen kann?

Der Tod von Tobias hatte die Selbstverständlichkeit und Selbstsicherheit, mit der ich mich im Leben bewegte, vollkommen ver-rückt. Eines Tages, als mich die Verzweiflung wieder einmal heftig erfasst hatte, fürchtete ich, der Weg sei nicht mehr weit, selbst verrückt zu werden. Wie war es anderen Eltern gelungen, ihr Leben nach solch einer Erschütterung wieder geradezurücken, wie hatten sie Perspektiven entwickelt, wie wieder Lebensfreude gespürt?

Die Gespräche, die wir hatten, halfen mir ungemein. Endlich durfte ich alle Fragen stellen, die mich bedrängten, alle Ängste formulieren, die sich in mir regten, alle Tränen vergießen, die sich wieder angesammelt hatten. Die Intimität der Begegnung beeindruckte uns beide. Trotz und mit ihrer spürbaren Verwundung hatten diese Eltern den Alltag, den Beruf, ihre Beziehungen wieder aufgenommen, und auch ihre Ehe hatte sich in der schweren Zeit der Trauer offenbar als tragfähig erwiesen. Sie kannten unsere Gefühle, ihnen waren meine Ängste, die Gefühle der Überforderung, die Zukunftsangst vertraut. Sie konnten sich in meine Ziellosigkeit hineinversetzen, die Erfahrung der Einsamkeit trotz der Zuwendung vieler Menschen war ihnen nicht fremd. Sie gewährten uns Einblick in ihre Beziehung und beschrieben anschaulich, welche Wendung ihr Leben seit dem Tod ihres Sohnes genommen hatte.

Auf meine bange Frage, wie lange dieser ungeheure Schmerz andauere, erwiderte der Vater, es seien zwei ganze Jahre gewesen, und erst nach sieben Jahren hätten sie ihr zuvor so geliebtes Karnevalstreiben wieder aufgenommen. Diese Hinweise halfen mir, mich einerseits auf eine lange Zeit des Schmerzes einzustellen, andererseits der Hoffnung Raum zu geben, dieser Schmerz könnte vielleicht doch eines Tages nachlassen oder aber zumindest ein wenig Lebensfreude neben sich dulden. – Am Ende dieser Begegnung fühlte ich mich zum ersten Mal nach dem Tod meines Sohnes gelöst!

Wenn ich auch weit von der Unbeschwertheit vergangener Tage entfernt war, so war ich doch zuversichtlicher, dass auch ich eines Tages wieder lachen könnte.

In den weiteren Wochen und Monaten erkundigten sich Bekannte, Arbeitskollegen, Freunde oder auch Angehörige immer seltener nach meinem Befinden. Ihre Unterstützung in den Tagen der Todesnachricht und der Beerdigung war wohltuend und tragend gewesen und hatte erheblich dazu beigetragen, dass ich diese Zeit überstanden hatte. Doch war für sie das Leben weitergegangen. Und sie dachten wohl, bei mir müsse es auch so sein. Nur wenige fragten weiter nach, eröffneten mir so weiter einen Raum, mich ihnen mit meiner Ohnmacht und Traurigkeit ungeschützt zu zeigen. Es war immer ein großes Geschenk, wenn sich so ein Raum öffnete.

Ich suchte außerdem in regelmäßigen Abständen einen mir länger bekannten älteren Pfarrer auf, um einen Gesprächspartner außerhalb meiner vertrauten sozialen Kontakte zu haben. Sein Verdienst bestand darin, mir geduldig zuzuhören, vor allem aber, mir Raum zu geben, um meine Trauer auszudrücken, mein Schweigen auszuhalten, sowie meine tastenden Versuche, mir über meine Zukunft klar zu werden. Oft genug verließ ich ihn einerseits erschöpft, andererseits erleichtert, weil die Last leichter geworden schien, ohne dass sich Lösungen für meine Zukunft abzeichneten.

Ohnehin ging es im ersten Jahr für mich eher darum, jeden neuen Tag lediglich hinter mich zu bringen, ihn durchzustehen und die Herausforderungen des Alltags zu schaffen. Mehr war mir angesichts der großen Erschöpfung gar nicht möglich.

Tobias' Aachener Freunde setzten immer wieder Zeichen der Verbundenheit. Als sie ein Dreivierteljahr nach seinem Tod ein kleines Fußballturnier veranstalteten, das sie »Tobias-Gedächtnisturnier« nannten, war ich sehr gerührt. Alle Zeichen der Wertschätzung meines Sohnes, alle Hinweise darauf, dass er auch anderen Menschen wichtig war und sie ihn nicht vergessen hatten, halfen mir, ich begriff sie zugleich als eine Wertschätzung für mich.

Einige seiner Kölner Freunde hatten ein gutes Jahr nach seinem Tod die Idee, gemeinsam mit mir und Lea an einem Staffelmarathon teilzunehmen. An einem sonnigen, aber eiskalten Wintertag startete unsere sechsköpfige Laufgruppe unter dem Namen: »Jeder Schritt für unseren Tobi!«, und unsere »Fans« sorgten dafür, dass wir unser Ziel erreichten. Solche Zeichen der Treue zu meinem Sohn und ihrem verstorbenen Freund erwärmten mein Herz und erwiesen sich als Trost.

Trauerratgeber waren dagegen in dieser Zeit keine Hilfe. Wenn in einem etwa davon berichtet wurde, wie bedeutsam für die Angehörigen der Abschied vom toten Leib ihres Kindes sei, fühlte ich mich um diese Erfahrung »betrogen«, und ich legte das Buch beiseite.

Nur bei Roland Kachler fand ich einen Gedanken, der mir Mut machte. Er lehnt die in den üblichen Trauerratgebern zu lesenden Vorschläge, wie ein guter Abschied und das Loslassen des geliebten Menschen gelingen könnte, ab. Seiner Meinung nach liege das Ziel des Trauerprozesses gerade nicht darin, die Beziehung zum Verstorbenen zu beenden, sondern vielmehr, andere Formen und Ausdrucksmöglichkeiten zu finden, in denen die Liebe zum Geliebten weitergeführt werden könne. Meine Aufgabe bestand also nicht darin, Tobias in irgendeiner Weise »loszulassen«, im Gegenteil, meine Liebe zu ihm darf bleiben, sich entfalten und sich Formen des Ausdrucks suchen, die meiner jetzigen Beziehung zu ihm entsprechen. Nicht Loslassen ist das Ziel, sondern in der Liebe zu meinem Sohn zu bleiben, wenn auch völlig anders als zuvor.

Nicht zuletzt meine Töchter und meine Frau wurden mir zu »Experten« der Trauerzeit. Wir fünf hinterbliebenen Familienmitglieder rückten enger zusammen, wir brauchten einander wie nie zuvor. Jeder von uns hatte seine eigene Art entwickelt, mit dem Verlust umzugehen. Es war gut zu erleben, wie jeder von uns versuchte trotz der großen Lähmung und Traurigkeit den Weg zurück ins Leben zu finden: Die eine Tochter bestand eine wichtige Aufnahmeprüfung, die andere beendete ihre wissenschaftliche Arbeit erfolgreich, einainhalb Jahre nach Tobias Tod erwarteten zwei Töchter ein Kind, die jüngste beabsichtigte zu heiraten, alle wagten wieder Urlaubsreisen.

Die wichtigste Gesprächspartnerin aber blieb Bernadette. Nirgendwo sonst wagte ich, mich in meiner ganzen Bedürftigkeit zu zeigen, ohne mich zu schämen. Nirgendwo sonst war es mir möglich, immer wieder lange Zeit schweigend Hand in Hand zu verweilen und dies als wohltuend zu erleben. Worte waren oft unnötig.

Doch so bedeutsam für mich die Begegnung mit Menschen war, so hilfreich die »Experten« sich auch erwiesen, im Letzten war ich allein mit meiner Trauer, hatte ich allein dafür die Verantwortung zu tragen, wie ich weiterleben wollte, musste ich ganz allein eine Idee entwickeln, wie mein weiterer Lebensweg aussehen sollte. Allerdings zeigte sich immer deutlicher, dass ich diesen Weg nicht planen, geschweige denn »machen« konnte, im Gegenteil, ich musste abwarten, die Zukunft würde sich ihren Weg selbst suchen, und ob sie gut werden würde, entzog sich meiner Einflussnahme. Ich hatte ohnehin überhaupt keine Vorstellung davon, unter welchen Umständen diese Zukunft das Prädikat »gut« verdienen würde. Würde überhaupt jemals irgendetwas wieder gut werden?

Lea – eine Schwester

»Jetzt eine bedrohliche Diagnose gestellt zu bekommen, wäre auch nicht so schlimm. Ich weiß ja, wer mich erwartet.« – Von diesem Gedanken wurde ich in den ersten Monaten nach dem Tod meines Bruders begleitet. Mein Lebenswille war durchaus stark, doch meinen eigenen Tod fürchtete ich seit Tobias' Tod nicht mehr. Was ich aber fürchtete, war ein erneuter Verlust, eine neue Hiobsbotschaft. Ich hatte kein Vertrauen mehr in das Leben. Ich hatte Angst, mich wieder auf das Leben einzulassen. Ich fühlte mich vom Leben betrogen. Zu tief saß der unerträgliche Schmerz, dass von der einen auf die andere Minute mein Leben wieder zerschlagen werden könnte. Der brutale, aber so wahrhaftige Vers »Inmitten des Lebens sind wir vom Tode umfangen« brannte sich tief in mein Bewusstsein ein.

Auch bei meinen Eltern spürte ich das erschütterte Vertrauen in das Leben. So wurde es zur Regel, dass ich mich nach einem Besuch in Köln meldete, sobald ich wieder in Aachen angekommen war. Meine Eltern und ich sprachen nicht darüber, aber es war klar, dass sie eine kurze Rückmeldung erwarteten und ich das Bedürfnis hatte, sie zu informieren, sobald ich wieder in Aachen angekommen war. Das war neu. Denn meine Eltern hatten uns nicht überfürsorglich erzogen. So mussten wir uns auf Klassenfahrten, in Urlauben oder bei Besuchen bei Freunden nie melden. Es galt die Regel, nach der alles in Ordnung sei, wenn wir uns nicht meldeten. Doch dieses Vertrauen war nun dahin.

Neben diesem erschütterten Vertrauen fühlte ich mich häufig von einer starken Wut geplagt. Sie richtete sich weder auf eine bestimmte Person noch auf einen Gegenstand. Oft kam mir der Gedanke, dass meine Hilflosigkeit, meine innere Ohnmacht und das Un-Begreifliche in Bezug auf Tobias' Tod nach einem Ventil verlangten, das sich in inneren Wutgefühlen seinen Weg suchte. Auch wenn ich dieser Wut keinen Ausdruck verlieh, so fühlte ich mich von ihr und diesem Misstrauen zum Leben gequält. Ich begann zu verstehen, dass nur ich selbst mir würde helfen können, dass ich verantwortungsbewusst mit meiner schmerzenden Seele würde umgehen müssen, dass mich trotz eines starken Familienzusammenhalts keiner an die Hand nehmen und mir die schönen Seiten des Lebens zeigen würde. Auch das Gefühl des Wartens, als könnte Tobias doch plötzlich wieder da sein, das mich die ersten sechs Monate nach seinem Tod stets begleitete, würde zu keiner Lösung führen. Zumal der Tod eines Menschen kein Problem ist, das gelöst werden kann. Es gibt keine Lösung, es gibt nur ein Zulassen, ein Spüren, ein Sich-damit-Auseinandersetzen.

Auch für meinen Partner war das Ausmaß meiner Trauer eine große Belastung. Ich suchte nach einem Zuhörer, der emotional nicht derart involviert war, wie mein Partner und meine Familie es waren. Einen Zuhörer, dem ich mich mit all meinen Gedanken und Gefühlen zumuten konnte. Einen Zuhörer, der mich nicht diagnostizierte. Acht Monate nach Tobis Tod fand ich einen Seelsorger, der mich die folgenden Monate in intensiven Gesprächen begleitete. Hier fühlte ich mich frei. Hier konnte ich völlig unverhüllt über meinen Schmerz, meine Ängste und meine Sehnsüchte sprechen.

Einen anderen Zuhörer fand ich in einer »Leidensgenossin«, die vier Wochen nach Tobis Tod ihren Bruder auf sehr ähnliche und plötzliche Weise verlor. Wir waren uns völlig fremd, kannten uns vorher nicht und doch fühlten wir uns durch das Geschehen von Beginn an tief verbunden. Ohne nach den richtigen Worten suchen zu müssen, um Gedanken und Gefühle zu erläutern, wie es oft im Gespräch mit Nicht-Betroffenen der Fall war, verstanden wir uns blind. Ich fand mich in ihren Schilderungen wieder und fühlte mich in meinem Trauer-Empfinden verstanden.

Eine weitere Hilfe war und ist das Schreiben. In einem Buch schildere ich meine Trauer, meine Sorgen, meine Ängste, aber auch meine Dankbarkeit. Ich notiere Erinnerungen an gemeinsame Erlebnisse mit meinem Bruder. Es hilft mir, Gedanken, Gefühle, Erinnerungen aus meinem prall gefüllten »Trauer-Kopf« ablegen zu können, ohne sie zu vergessen. Durch die Trauer und das stundenlange Weinen hatte ich oft das Gefühl, dass mein Kopf jeden Moment explodieren könnte. Das Niederschreiben erleichterte mich.

Eine weitere Hilfe fand ich im Lesen von Romanen jeglichen Genres. Mit ihnen konnte ich in eine andere Welt abtauchen. Während ich las, musste ich nicht spüren, nicht darüber nachdenken, was geschehen war. Das Vertiefen in die Lektüre schenkte mir eine Auszeit von der Realität.

Trost in der Trostlosigkeit

- **Trauernde** werden immer wieder von ihrer Trauer »überfallen« und fühlen sich wehrlos.
- Trauernde benötigen keine Ratschläge.
- Trauernde erleben ihre persönliche Welt als zerstört und wertlos.
- Trauernde stärkt die Begegnung mit Menschen, die ihrerseits einen schweren Verlust erlitten haben.
- Trauernde entlastet das Gespräch mit Begleitern, die nicht zum engen Familien- und Freundeskreis gehören. Hier brauchen sie keine Rücksicht zu nehmen.

- **Tröster** schenken insbesondere Nähe statt Worte.
- Tröster halten die Trauernden mit all ihren unterschiedlichen Gefühlen aus.
- Tröster stellen viel Zeit zur Verfügung.

8. Die Trauer der anderen
Gemeinsam und doch allein

Aus den Trostbriefen

Tobi hatte mir zum Einzug sein altes Radio vermacht, das leider nicht sehr lange hielt. Es ließ sich nicht mehr einschalten, doch ich habe es nicht weggeworfen. Da es mich an ihn erinnert, habe ich es auch jetzt noch in meinem Zimmer. Neulich versuchte ich nochmals es einzuschalten – ich weiß nicht warum – und da funktionierte es plötzlich wieder. Es lief eine Sendung auf WDR 5 zum Thema »Verlust«. Tobi hörte diese Sendungen gerne, deshalb habe ich sie laufen lassen. Darin hat eine Frau ihr Buch vorgestellt, das von dem Verlust ihrer Familie durch einen Unfall handelt, und erzählt, wie sie jetzt, zwei Jahre später, damit lebt. Ich weiß, das macht keinen Sinn, aber ich hatte das Gefühl, dass Tobi will, dass ich Euch dieses Buch schenke. Wenn Ihr es unpassend findet, dann fühlt Euch bitte nicht verpflichtet, es zu lesen. Ich finde, Ihr seid auch ohne derartige Unterstützung sehr stark. Mir persönlich hat es sehr geholfen, Euch und die Mädchen in dieser Zeit begleiten zu dürfen. Meine Familie und Freunde sind mir auch mit viel Trost und Mitgefühl begegnet, was ich auch schätze, aber wirklich gestützt hat mich im Grunde nur, zu erleben, wie Ihr mit Eurem Verlust umgeht. Ich würde mich gerne dafür bedanken, doch das klingt so lächerlich. Trotzdem, vielen Dank, dass Ihr so seid, wie Ihr seid. Ich denke jeden Tag an Euch und fühle mich so nicht alleine. *Tobias Freundin*

Worte bleiben Worte, aber vielleicht kann das Mitgefühl, das aus ihnen spricht, ein wenig trösten in der Leere, der Sinnlosigkeit und dem Verlust Eures Sohnes. Wenn Eltern ihr Kind zu Grabe tragen müssen, zeigt sich der Tod in seiner dunkelsten Gestalt. Ich möchte Euch Mut zusprechen und Kraft: zum Trauern und zum Klagen, zum Aufbegehren und zum stillen Aushalten. Wenn dieser Ernstfall des Glaubens eintritt, dürfen wir uns an die biblischen Beter halten. Der Psalmist klagt an, begehrt auf, beschwört seinen Gott – und kommt am Schluss zu dem Bekenntnis: Ich habe doch nur dich, du bist mein letzter Halt.

Ich wünsche Euch die Kraft, Euch trotz allem an ihn zu halten und darauf zu vertrauen, dass er es wirken kann, dass wir nicht untergehen in Trauer und Leid, dass wir nicht ins Bodenlose fallen, sondern weiterleben können.

Ein guter Bekannter

Vor einer Woche saß ich in einer Kirche, was ich nur selten tue. Das letzte Mal war es zu Tobis Abschied mit Euch allen, vorne in der Bank. Dieses Mal ging es um einen Menschen, den ich selbst gar nicht persönlich kannte: um Claude Léveillée, einen Giganten unserer Kultur. Ich saß also mit sicher tausend Menschen in der Kirche. Die sehr würdevolle und schöne Totenmesse wurde für mich eine persönliche Zeit mit Tobias. Ich habe zwar viel über Léveillée, den Künstler, gelernt, aber immer wieder drang Tobias in meine Gedanken: Wie wir im letzten Sommer gemeinsam am See Frisbee spielten oder unsere Weihnachtsfeste. Léveillée hatte auch einen Sohn verloren und in seinem letzten Jahr war er durch die Krankheit sehr hinfällig geworden. In dieser schweren Zeit fand er seinen Glauben wieder. Das hat ihm Ruhe geschenkt.

Diese Auszeit in der Kirche, in der ich mit Tobias kommunizieren konnte, intensiv und konzentriert, war für mich sehr besonders und schön.

Claude Léveillée hat ein Lied geschrieben, das mich schon früh in meiner Kindheit berührt hat. Es geht um die Familie, darum, wie sich das Leben entfaltet, wie man vom Leben eingeholt wird, wie alles zu schnell vorübergeht. Ich habe viele Parallelen zwischen Euch und Léveillées Leben gesehen. Es waren außergewöhnliche Momente, die ich mit Euch teilen möchte. *Der Partner einer Tochter*

Perspektiven der Trauer

Bernadette – die Mutter

Klaus war mit seiner Art zu trauern viel expressiver als ich. Hatte er bisher nie geweint, so weinte er von dieser Stunde an häufig, manchmal wie aus dem Nichts. Er zeigte weniger Scheu, sich seinen Mitmenschen zuzumuten. Während ich immer wieder das Gefühl hatte, mich auch in diesen hoffnungslosen Momenten schützen zu müssen, schien Klaus davon ungerührt. Er wurde häufig auf seinen Verlust angesprochen. Er war wie ein offenes Buch, sodass es anderen leichtfiel, mit ihm umzugehen. Ich brauchte, um mich öffnen zu können, ein sicheres Gefühl, dass mein Gegenüber wirklich etwas von mir wissen will, dass er bereit ist, meine Trauer mit mir aushalten zu wollen und sich ohne Wenn und Aber auf mich einzulassen. Meine Trauer, die nichts als reine Liebe zu Tobias ist, war mir so kostbar, ich wollte sie mit Würde bedacht wissen.

Unsere Töchter lebten ihre Sehnsucht nach Tobias völlig

unterschiedlich: Rebecca stand ihrem Bruder von klein auf nicht so nahe, erst Monate vor seinem Tod wurden sie durch einen Besuch Tobias' in Kanada wieder vertrauter miteinander. In der Ferne war es für sie wohl leichter, wieder im Alltag anzukommen. Auch Frida, ihre neugeborene Tochter, half ihr, sich mit aller Kraft wieder auf das Leben zu besinnen. Hin und wieder erzählte sie aber, wie auch sie die Trauer unvermittelt überfiel – etwa beim Wandern oder durch unvorhergesehene Erlebnisse, die sie plötzlich an Tobias denken ließen. Nach der Geburt ihrer zweiten Tochter sagte sie einmal: »Ich darf nicht daran denken, eines meiner Kinder verlieren zu können, bereits bei dem Gedanken wird mir total schwindelig.«

Esther trauerte eher still. Sie besuchte regelmäßig das Grab ihres Bruders, kümmerte sich hingebungsvoll um Laura und versuchte uns Eltern auf vielfältige Weise das Leben zu erleichtern.

Leas Trauer war extrovertierter. Sie erzählte sehr persönlich über ihren Schmerz und musste – ähnlich wie Klaus – ihre Verzweiflung zum Ausdruck bringen. Sie schien förmlich daran zu ersticken. Auch mich forderte sie immer wieder auf, über meine Trauer zu sprechen. Sie wollte wissen, wie es mir als Mutter ging, half mir mit tröstenden Gedanken und Texten.

Ein anderer wichtiger Mensch war Hanna, die Freundin von Tobias, die das Unglück körperlich fast unbeschadet überstanden hatte. Sie zeigte ihre Trauer verhalten und uns gegenüber auf sehr rücksichtsvolle Weise. Es kamen zärtlich geschriebene Karten und E-Mails, sie suchte unsere Nähe in den ersten Monaten an Familienfesten und berichtete vorsichtig, was sie in den letzten gemeinsamen Tagen Beglückendes mit Tobias erlebt hatte. Ihre größte Sorge war, wir würden ihr das Überleben neiden. Doch im Gegenteil, wie froh war ich, dass sie überlebt hatte und uns von den letzten Tagen und Stunden des Urlaubes erzählen konnte! Wie froh war ich, dass sie uns genau beschreiben konnte, wie Tobias gestorben war, wie er aussah, was sie gefühlt hat, wie sie ihn bis zuletzt im Arm gehalten hatte. Wer hätte uns das alles sonst erzählen können?

Auch die Trauer von Lauras Mutter war für mich spürbar. Tobias und sie hatten zwar nie als Eltern zusammengelebt, waren sich aber seit 14 Jahren vertraut gewesen. Auch wenn die gemeinsame Verantwortung für Laura nicht immer leicht zu leben gewesen war, erzählte sie, wie sehr sie Tobias als Ratgeber in der Elternschaft, aber auch für ihr privates Leben sowie als Freund, mit dem sie viele Erlebnisse geteilt hatte, vermissen würde.

Ein besonderes Geschenk hinterließ Tobias uns mit seinen Freunden und engen Arbeitskollegen. Als hätte er sie vor seinem Tod beauftragt, kümmerten sie sich rührend um uns. Wenn seine Freunde zu Besuch kamen, war es für mich, als säße Tobi mit in diesen Runden und machte seine üblichen Scherze. Seine Freunde erzählten stellvertretend von gemeinsam Erlebtem und waren manchmal ausgelassen wie zu seinen Lebzeiten. Es wurde viel gelacht und wenig geweint. Immer wieder dachten sie sich neue Wege der Zuwendung aus, schenkten uns gerahmte Fotos, alte Trikots von Tobias' Fußballzeit und Pokale.

Seine Arbeitskollegen luden uns zum Essen ein, schickten uns Collagen, Briefe, Fotos und vieles mehr. Wir erfuhren viel von seinen Arbeitseinsätzen, seinen Zielen, Talenten, Erfolgen und seinen Schwächen. Ein buntes Bild, vollständiger, als ich es mir in den letzten Jahren mit dem Einblick in von ihm ausgewählte Lebensbereiche verschaffen konnte.

Das wohl ungewöhnlichste Geschenk machte uns sein bester Freund. Er schrieb fast ein Jahr lang an einem kleinen

Buch über seine Erlebnisse mit Tobias, das er uns in einzelnen Teilen zusandte. Oft, wenn ich gerade wieder völlig verzweifelt war, was er natürlich nicht wissen konnte. Die Geschichten sind amüsant, lebensfroh und fantasievoll. Beim Lesen kann ich tief in die Seelen der beiden jungen Männer eintauchen. Ein wunderbares Andenken, das mich lebenslang begleiten und trösten wird.

Wichtig war auch die Aufmerksamkeit unserer Freunde: Essenseinladungen, Spaziergänge – es brauchte mitunter nicht viel, um zu trösten. Einer unserer Freunde meinte einmal, seine Frau könne gut auf trauernde Menschen eingehen, ihm würde es schwerfallen, etwas dazu zu sagen. Auch das war ein trostreicher Satz, mehr musste nicht sein, er stellte sich unserer Begegnung, spürte seine Grenzen und blieb dennoch nicht stumm. So brachte er seine Verbundenheit mit uns zum Ausdruck. Schwierig wurde es nur, wenn Menschen gar keinen Weg fanden, mit meiner Trauer umzugehen. Wenn sie stumm blieben oder rasch das Thema wechselten, das ließ mich entblößt zurück. Ungeschickte Sätze haben mich nie verletzt, aber wenn mein Versuch, mein Inneres mit wenigen Sätzen zu beschreiben, in betretenem Schweigen verhallte, das war schwer zu ertragen, es machte mich einsamer.

Natürlich konnte ich mir ein solches Verhalten rational erklären: Diese anderen hatten ja oftmals selbst Kinder im Alter von Tobias. Mit seinem Schicksal rückte ihnen der Tod unvermittelt sehr nah. Es hätte jeden von unseren Freunden treffen können. Das war schwer auszuhalten, ja, bedrohlich. Wir waren ein lebendiges Beispiel, wie schnell das Leben vom Glück ins Unglück wechseln konnte. Die anderen waren sprachlos, fühlten sich überfordert und konnten unser Trauererleben sicherlich manchmal einfach nicht mehr hören. Dadurch wuchs zu manchen eine Distanz, wurde die Beziehung vorübergehend auf Eis gelegt, bis unser Gefühlsleben wieder mehr von alltäglichen Dingen geprägt wurde und uns so wieder auf Augenhöhe zu unseren Freunden und Verwandten brachte.

Ausgelöst durch diese Erfahrungen erinnerte ich mich an frühere Freunde. Sie hatten vor 25 Jahren ihren dreijährigen Sohn unerwartet bei einer Herzoperation verloren. Intensiv begleiteten wir sie die ersten Wochen nach dem Tod ihres Kindes. Doch unser Atem hielt nicht lange vor. Wie schnell gingen auch wir damals zum Tagesgeschehen über und blendeten ihre Verzweiflung einfach aus. Jetzt weiß ich, was das für sie bedeutet haben muss.

Klaus – der Vater

Die »anderen Trauernden« waren für mich vorwiegend Bernadette und meine Töchter. Einige Male verabredeten wir fünf uns zu einem Gedankenaustausch. Wir sprachen darüber, was Tobias uns bedeutete, in welcher Weise wir unsere Traurigkeit lebten, wer und was uns tröstete, welche Folgen der Tod von Tobias für unsere Beziehungen zu anderen Menschen und untereinander hätte, wie wir uns als dauerhaft »amputierte« Familie verstehen könnten, wie wir unseren Alltag bewältigten.

Mir war es in diesen Gesprächen sehr wichtig, meinen Töchtern deutlich zu sagen, dass sie sich keine Gedanken um uns Eltern machen sollten. Ich hatte die Befürchtung, sie könnten sich zu sehr um uns sorgen und sich womöglich für unsere Zukunft, unser Glück verantwortlich fühlen. Ich wollte ihnen vermitteln, dass Bernadette und ich als Paar, wenn auch unter Tränen, mit dem furchtbaren

Ereignis zurechtkommen würden. Wir würden einander trösten, schließlich seien wir zu zweit, also nicht allein mit unserer Trauer.

Die Art und Weise, wie wir fünf miteinander im Austausch waren, spiegelte wider, was wir über viele Jahre miteinander eingeübt hatten. Jetzt bewährte sich, dass wir imstande waren, einander unsere Gefühle mitzuteilen, unsere Tränen zu zeigen, unsere Gedanken und Fragen zu offenbaren. Wir erlebten eine intensive Verbundenheit.

Gemeinsam überlegten wir, wie wir diese Verbundenheit trotz der vielen Kilometer, die uns zeitweise voneinander trennten, lebendig halten konnten. Wir vereinbarten, jeweils am Todestag von Tobias zur gleichen Uhrzeit ein kleines Lagerfeuer zu entzünden, das uns äußerlich wie innerlich erwärmen, über die räumliche Distanz Nähe herstellen und überdies unsere Hoffnung nähren sollte, als Familie weiterzuleben.

Doch was für eine Familie sind wir – fünfköpfig oder immer noch sechsköpfig? Bin ich Vater eines Sohnes und dreier Töchter oder Vater dreier inzwischen erwachsener Töchter? Insbesondere Bernadette und ich tauschten uns über dieses Thema aus, ohne zu einer Übereinstimmung zu finden. Ich entschied mich, auf entsprechende Fragen meine vier Kinder zu nennen und die weitere Erläuterung dieser Antwort von den Umständen, meiner eigenen Befindlichkeit sowie der Art der Beziehung zu meinen Gesprächspartnern abhängig zu machen. Eine andere Antwort würde ich als Verrat an Tobias empfinden. Trotz seines frühen Todes bleibt er mein Sohn. Außerdem ist diese Antwort für mich eine Art Selbstvergewisserung: Ich bleibe mit Tobias bis zu meinem eigenen Tod und hoffentlich gar darüber hinaus verbunden. Nichts kann uns im Tiefsten voneinander trennen.

Ein besonderer Schatz in meinem Leben wurde Laura,

Tobias' Tochter. Wie schon zu seinen Lebzeiten kam sie regelmäßig zu Besuch und übernachtete auch bei uns, um von hier aus in die Schule zu fahren. Allein ihre Anwesenheit als lebendiger »Nachlass« von Tobias machte mir mein beschwerliches Dasein leichter und stärkte meine Zuversicht in die Zukunft. Für dieses Kind würde sich alle Anstrengung und alles Engagement lohnen, jeder Einsatz für Laura würde die Trauer in Zuversicht verwandeln, jeder Schritt dieses Kindes aus der Trauer heraus würde auch mich mit Lebensfreude anstecken.

Laura – die Tochter

Wenn ich mit meinen Tanten, also den Schwestern von meinem Papa zusammen bin und wir auf einer Feier oder beim Abendbrot über Papa sprechen, dann spüre ich zuerst, dass sein Tod kein Traum ist, sondern wahr. Dann würde ich am liebsten die anderen traurigen Personen trösten, denn mir geht es genauso. Wenn meine Mutter zum Beispiel traurig ist, tröste ich sie sofort, das würde sie auch bei mir so machen. Ich streichele sie und muntere sie mit schönen Dingen auf, die an diesem Tag noch passieren werden.

Wenn ich selber traurig bin, möchte ich nicht so gerne getröstet werden. Was passiert ist, ist passiert, und durch Trösten wird es nicht wieder gut. Uns allen ist dasselbe geschehen, aber für manche ist der Freund gestorben, für manche der Bruder, für manche der Sohn, aber für mich allein ist der Papa gestorben und das kann sonst keiner verstehen. Ich bin am liebsten für mich alleine traurig. Auch wenn ich mit anderen Kindern zusammen bin, die einen Elternteil verloren haben, hat jeder seinen ganz besonderen Vater oder seine ganz besondere Mutter verloren, und das kann kein anderer verstehen. Selbst meine Tanten haben zwar denselben Bruder verloren, aber jede hatte ihre eigenen Erlebnisse mit ihm, die ihnen keiner wegnehmen kann. Jeder hat meinen Papa auf eine andere Weise geliebt und bewundert.

Wenn andere traurig sind, bin ich nicht unbedingt auch traurig. Mein Traurigsein kommt einfach so. Ich weiß nie, wann und wo. Auch in einer großen Gemeinschaft wie beim Jahresgedächtnis freue ich mich über die vielen Menschen, fühle mich aber trotzdem alleine, weil nur ich den Papa verloren habe. Dann bleibe ich innerlich noch eine Zeit lang traurig, auch wenn ich nicht mehr weine, doch irgendwann geht es mir wie von selber wieder besser.

Mir hilft es, Eis oder Schokolade zu essen, wenn ich traurig bin, oder wenn ich eine lustige Sendung im Fernsehen schaue. Auch Musik höre ich gern, mein trauriges Gefühl spüre ich so richtig bei trauriger Musik, bei lauter Musik spüre ich meine Wut über den unaufmerksamen Busfahrer und manchmal auch darüber, dass Gott mir meinen Papa weggenommen hat, und fröhliche Musik macht mich wieder happy.

Wenn ich richtig wütend bin, zerdrücke ich mein Kissen, das in meinem Schrank liegt.

Trost in der Trostlosigkeit

- **Trauernde** suchen von sich aus keine Nähe und sind doch für jede Geste des Trostes dankbar.
- Trauernde ordnen die Beziehungen zu Verwandten und Freunden neu.
- Trauernde zeigen ihre Gefühle nur wenigen nahestehenden Menschen.

- **Tröster** wissen, dass die Trauer ein langer offener Prozess ist, und haben darum einen »langen Atem«.
- Tröster verzichten auf die Frage: »Wie geht es dir?«, weil sie Trauernde überfordert. Stattdessen zeigen sie Interesse an dem, was die Trauernden erleben und wie sie den Verstorbenen in Erinnerung haben.

9. Die Macht des Unbewussten
Träume und andere Boten

Aus den Trostbriefen

Zum Tod von Tobias möchten wir Euch unsere tiefe Verbundenheit und unser Mitgefühl aussprechen. Wie gerne hätte ich dies durch die Teilnahme und Teilhabe an der Beerdigung Eures Sohnes zum Ausdruck gebracht – aber durch eine fieberhafte Erkrankung war es leider nicht möglich. Jetzt suche ich nach Worten, und was ich versuche zu formulieren, wirkt dürr und leer – lieber hätte ich einen Blick geschenkt, vielleicht eine Umarmung, wenn sich dies ergeben hätte.

Ich kann nur erahnen, wie es Euch zumute sein mag, stelle mir vor, dass die Zeit stillsteht, dass Ihr durch Räume geht, die jenseits der Alltagsgeschäfte liegen. Und ich bin sicher, wenn es eine Chance gibt, ein solches Ereignis mit hineinzunehmen in das Leben, dann indem man gemeinsam darum ringt, es gemeinsam versucht, sich gegenseitig ermutigt. Ich kann mir auch vorstellen, dass Euer Enkelkind, Laura, die Aspekte Zukunft und Lachen und Glück in Euch wach und lebendig halten wird.

Ich erinnere mich an ein Peergruppentreffen, Klaus, in dem Du von Deiner Arbeit in der Kinderklinik berichtetest und anschließend sagtest: »Meine Kinder sollen einmal an meinem Grab stehen und nicht ich an ihrem.« Und wir alle haben genickt, in dem Sinne: ja klar, so ist es richtig, so soll es sein und so wird es ja auch sein. Dabei wissen wir doch, dass es dafür keine Garantie gibt und wir mitten im Leben vom Tod umfangen sind. Wir wissen es, aber wir leben nicht danach. Wenn ich meine fünf Enkelkinder sehe, ist mir neben der Freude an ihrem Wachsen und Gedeihen oft schmerzlich bewusst, wie zerbrechlich das Leben ist, an welch seidenem Faden es hängt. Und die Vorstellung, einem dieser Kleinen könnte etwas zustoßen, ist unerträglich.

Beim Lesen der Zeilen aus dem Evangelium, die Ihr für die Traueranzeige ausgesucht habt, stellt sich neben der Traurigkeit ein Gefühl des Gehaltenseins, der Zuversicht, des Trostes ein. Es erinnerte mich an ein Wort, das man nur noch selten hört oder liest: »heimgehen«. Die Toten gehen heim, sie kommen nach Hause zu ihrem himmlischen Vater und das nicht irgendwann, sondern »noch heute«. Dieses Gefühl ist mir kostbar, auch für mich selbst und für mein eigenes Leben. Deshalb habe ich zur Erinnerung die Traueranzeige in mein Tagebuch geheftet.

Ein befreundetes Kollegenpaar

Ich bin so unglaublich traurig und bestürzt, dass ich es schwer in Worte fassen kann. In diesen schweren Tagen wünsche ich Euch allen ganz viel Kraft und Mut, trotz allem in die Zukunft zu blicken.

Vielleicht hilft uns der Gedanke daran, dass Tobias die seltene Gabe besaß, seine Zeit mit uns sehr intensiv zu verleben. Ich hatte immer das Gefühl, dass er das Leben regelrecht aufgesogen hat. Jedes Erlebnis, jeder Urlaub, den wir zusammen verbrachten, ist mir lebhaft vor Augen! Er hat es immer geschafft, den tristen Tag bunt zu gestalten.

Ein so intensiver Mensch hinterlässt eine Lücke, die keiner zu schließen vermag. Dennoch haben wir die kostbare Eigenschaft, einen Menschen so in Erinnerung zu behalten, wie wir ihn gekannt haben. So können wir auf viele glückliche, lustige und aufregende Momente zurückblicken!

In meinem Herzen wird er immer seinen Platz haben. Ich kenne kein einziges Wort, das meine Gefühle beschreiben könnte. So sehr würde ich mir wünschen, das Geschehene ungeschehen zu machen. Ich werde ihn nie vergessen!

Eine Freundin von Tobias

Perspektiven der Trauer

Bernadette – die Mutter

Nichts hatte ich mir mehr gewünscht, als Tobias in meinen Träumen zu begegnen. Es dauerte, aber es geschah zum ersten Mal zwei Monate nach seinem Tod: *Klaus und ich betreten das Wohnzimmer in unserem Haus und sehen, wie Tobias entspannt auf unserer Couch liegt und Laura auf seinem Bauch hopst. Sie bemerken uns nicht, sind in ihr Spiel vertieft. Erstaunt gehen wir an ihnen vorbei in den Wintergarten, so nah wie wir ihnen kamen, hätten sie uns wahrnehmen müssen. Doch sie bleiben bei sich, und ich kann nur nüchtern feststellend zu Klaus sagen: Ich dachte, er sei tot!« Wir lassen die beiden ungestört weiterspielen und setzen uns ins Esszimmer. – Ich erwache.*

Nach der langen Abstinenz von Tobias war dieser Traum ein großes Geschenk für mich. Ich sah ihn und Laura im Traum glücklich vereint. Sie taten Dinge, die sie liebten. Es ging ihnen gut, wir können sie lassen und an ihnen vorbeigehen. Tobias deutet uns an, er wird bei seiner Tochter sein und für sie sorgen.

Einen Monat später überrascht mich ein zweiter kurzer Traum: *Ich sehe Klaus und mich auf einem Fest in lockerer Runde mit anderen zusammenstehen. Tobias stellt sich überraschend, offensichtlich von weit her kommend, dazu. Er sieht etwas verändert, aber gut erkennbar aus. Er ist wie so oft locker und lustig. Es geht ihm sehr gut.* Wieder sagt uns Tobias, es geht ihm gut. Kein Schrecken des Geschehenen ist erkennbar, vielleicht werden wir uns, wie auch zuletzt auf seinem 30. Geburtstag, in froher Runde wiedersehen.

Im dritten Traum bin ich mit Laura beschäftigt: *Wir toben miteinander und ohne Übergang verwandelt sich die neunjährige Laura in den zweijährigen Tobias, der seinen blonden Lockenkopf vor mir auf den Sitz eines Sessels legt und verschämt wegschaut. Er trägt sein grünes, rot umrandetes Strickjäckchen, und ich möchte ihn einfach nur umarmend festhalten.* Zeigt dieser Traum einerseits, in welcher Intensität und mit welchen Eigenschaften Tobias in Laura weiterlebt, und andererseits, welche innige Liebe ich verloren habe? Der Traum hilft mir, auf das zu schauen, was mir in meiner Sehnsucht dennoch durch Laura schon Jahre zuvor geschenkt wurde.

Eines Abends fand ich die Kraft, den E-Mailverkehr der letzten 18 Monate mit Tobias nachzulesen. *In der anschließenden Nacht sah ich Tobias nicht leidend, aber sterbend oder vielleicht auch nicht, sein Zustand war für mich nicht eindeutig erkennbar, in einem unbekannten Raum im Bett liegend. Er gab mir die Gelegenheit, seine Wunde am Bauch zu betrachten. Sie war klein, aber sehr tief und bereits teilweise verkrustet. Unsere Begegnung war entspannt, undramatisch, allerdings von der Unsicherheit geprägt, ob er ster-*

ben oder weiterleben würde. Doch war zwischen uns keine Trauer, keine Angst, eher ein Gefasstsein auf alles, was kommen könnte. Bevor diese Situation entschieden wurde, erwachte ich.

Dieser Traum sagte mir, es war gut, wie wir auseinandergegangen sind, es verbindet uns Gewissheit sowie Ungewissheit. Gewissheit, dass er auf spürbare, aber unergründliche Weise an unserer Seite bleiben wird, und Ungewissheit über den unbekannten Raum, an dem er jetzt ist, den wir noch nicht kennen, und wie wir eines Tages wieder zusammengeführt werden.

Im April 2011 hatte ich einen meiner letzten Träume, als wir mit Laura unseren Urlaub in Tunesien verbrachten: *Wir sind als Familie mit anderen in einer Festungsanlage, sie scheint unser ständiger Aufenthaltsort zu sein. Tobias fühlt sich in dieser Enge und Begrenztheit unwohl und versucht, zu entkommen, wird jedoch rasch von der Polizei eingefangen. Ich spürte im Traum meine Ambivalenz, einerseits gönne ich ihm die Freiheit eines Lebens außerhalb dieser festen Mauern, andererseits weiß ich, die Festungsanlage könnte ihm auch Schutz und Sicherheit bieten. Erneut bricht er aus und taucht unter. Ich suche ihn und finde ihn in Gestalt eines Obdachlosen, der unerkannt ein freies Leben in einem Winkel der Festung führt. So kann er sich der Macht dieser Festungsanlage trotz allem entziehen.*

Ich werde wach und denke, wie oft hat er versucht, aus engen Fesseln, die ihm das Leben gesetzt hat, zu entkommen. Mal konnte ich seine »Fluchtversuche« verstehen, ein anderes Mal blieb ich mit Unverständnis und irritiert zurück. Jetzt ist es ohne sein Zutun geschehen. Sagt mir dieser Traum nicht auch, er ist nicht weit, er ist noch unerkannt unter uns, er gehört unsichtbar noch unserem System an? Unsere Werte spielen allerdings in seinem Leben keine Rolle mehr. Die Freiheit scheint das höchste Gut zu sein. Das erinnert mich an die Aussage von Dietrich Bonhoeffer: »Auf dem Weg der Freiheit ist der Tod das größte Fest.« Es lässt sich noch mit Steve Jobs steigern: »Der Tod ist vielleicht die beste Erfindung des Lebens.« Doch so weit im Denken und Fühlen bin ich noch lange nicht. Die Bilder dieser Traumsequenzen kann ich fast zwei Jahre später noch abrufen, sie sind mir ein Geschenk des Himmels in meine anhaltende Orientierungslosigkeit hinein. Noch haben die zerbrochenen Träume unserer vergangenen Welt mich mehr im Griff als der kurzweilige Trost dieser nächtlichen Begleiter.

Klaus – der Vater

Nachdem meine Frau nach Tobias' Tod von Träumen über ihn berichtete, hoffte ich inständig, von solchen Träumen verschont zu bleiben. Allein die Vorstellung, ich könnte im Traum mit meinem Sohn zusammentreffen, um beim Aufwachen festzustellen, dass diese Begegnung eben nur ein Traum gewesen sei, war mir unerträglich. Mein Wunsch wurde erfüllt, bis heute habe ich nie von ihm geträumt, obwohl ich mich inzwischen nach Träumen sehne und mich für stabil genug halte, die Differenz zwischen Traum und Realität auszuhalten. Insbesondere der Wunsch, die Botschaft eines Traumes zu entschlüsseln und etwas für mich Wichtiges oder Weiterführendes zu entdecken, erhält diese Sehnsucht aufrecht.

Gleichwohl erinnere ich mich an wenige Träume seit dem Tod von Tobias, die so intensiv waren, dass ich sie vor Augen habe, und die für mich bedeutsame Botschaften enthielten. Den ersten träumte ich genau ein halbes Jahr nach seinem Tod: *Ich befinde mich in einem Zimmer, in dem auch eine riesige Schlange ist. Sie bewegt sich flink durch den Raum. Ein unbekannter Gesprächspartner beruhigt mich und sagt, die Schlange könne durchaus töten, werde mir aber die Luft nicht abdrücken, wenn ich sie vom Boden aufhebe und um meinen Körper lege. Ich ringe mit mir, ob ich diese Mutprobe wagen will. Was, wenn sie doch meinen gesamten Körper erdrückt und ich nicht mehr atmen kann? Doch das Interesse an dieser Mutprobe verdrängt meine Angst, und ich will wissen, ob der Gesprächspartner recht hat. Also versuche ich es: Ich nehme die Riesenschlange vom Boden auf und lege sie um meinen Oberkörper. Sogleich spüre ich den ungeheuren Druck, den sie auf meinen Körper ausübt, aber ich kann flach atmen, und sie drückt nicht weiter zu.*

Es sei eine Schlange, die alles könne, erklärt der Gesprächspartner weiter, sie sei eine Künstlerin. Ich bin beeindruckt, aber habe dennoch ein wenig Angst. Auf einmal gleitet sie an meinem Körper herab auf den Boden und bewegt sich flink über die Rohre eines Badheizkörpers. Ich staune nur und wache daraufhin auf.

Es war für mich nicht schwer, den Traum zu entschlüsseln: Die Schlange steht symbolisch für meine Trauer. Diese Trauer fordert mich heraus, sie zwingt mich, ihr zu begegnen, ihr ins Auge zu schauen, sie an mich heranzulassen, und das geht nicht ohne die Angst vonstatten, sie könne mir die Luft zum Atmen nehmen und mich auf diese Weise umbringen. Tatsächlich übt sie ja auch immensen Druck aus. Doch mir wird auch deutlich, dass die Trauer mich nicht zerstört, ich brauche keine Angst zu haben. Ich werde nicht daran zugrunde gehen, im Gegenteil, ich werde lebendig bleiben und diese Herausforderung überleben.

Den zweiten Traum träumte ich knapp ein Jahr nach Tobias' Tod: *Ich gehe traurig durch ein Universitätsgebäude, das voll von Studenten ist, die überall herumsitzen. Schließlich lasse ich mich auf einer niedrigen kleinen Mauer nieder und spüre meine Trauer schmerzlich. Zwei Studenten nehmen meine Tränen wahr und erkundigen sich, was mit mir los sei. Ich gebe Auskunft über den Tod meines geliebten Sohnes Tobias, woraufhin sie nach den genaueren Umständen fragen. Ich gebe bereitwillig Auskunft und weine heftig.*

Daraufhin erzählen sie von jemandem, den sie kannten, der auch infolge eines Unfalls gestorben sei, und wollen die näheren Umstände berichten. Doch während sie reden, stehe ich auf, wende ihnen den Rücken zu und gehe wortlos an ihnen vorbei, nicht ohne dabei Selbstbewusstsein und Stolz zu empfinden.

Dieser zweite Traum zeigt: Ich spüre deutlich, was mich in meiner Trauer behindert, nehme mich und meine Bedürfnisse ernst, mache mich von Menschen unabhängig und folge meinen inneren Impulsen.

Viele Monate später träume ich vom Zusammensein meiner Familie, zu der Tobias wie selbstverständlich gehört. Er ist bei dem bunten Treiben, von dem ich sonst nichts mehr weiß, in heiterer Weise anwesend, und erst nach dem Aufwachen wird mir klar, dass der Traum mir eine Wirklichkeit vormacht, die es nicht mehr gibt. Vielmehr drückt er meine Sehnsucht nach heilem, unverletztem gemeinsamen Leben aus.

Fast drei Jahre nach dem Tod von Tobias sehe ich mich im Traum völlig allein, wie ich bitterlich weine, mich nicht trösten kann und nicht getröstet werde.

Hier drückt sich meine Erfahrung aus, dass ich trotz aller erfahrenen und auch wohltuenden menschlichen Nähe mit meiner Trauer im Letzten allein bleibe. Sosehr ich die Zuneigung und das Mitfühlen der Menschen um mich herum schätze, so sehr leide ich zugleich daran, allein den Schmerz zu empfinden, allein den Schmerz zu durchleben. Seit Langem liegen neben meinem Nachttisch Papier und Stifte, weitere Träume möchte ich nicht versäumen festzuhalten.

Esther – eine Schwester

Erst nach der traurigen Nachricht, meinen verstorbenen Bruder nicht mehr sehen zu können und ihn nicht verabschieden zu dürfen, wurde mir bewusst, wie wichtig mir so ein Abschied gewesen wäre und wie schmerzhaft der Verzicht darauf für mich war. Ich glaube bis heute, dass ich mit einem persönlichen Abschied seinen Tod besser hätte akzeptieren können. Die Fragen, die sich mir immer noch stellen, hätten vielleicht durch diese letzte Begegnung beantwortet werden können und bleiben so offen.

Ich redete mir ein, dass es ihm gut ginge, wo immer er jetzt wäre, dass es eine bessere Welt wäre und er keine Schmerzen spürte. So versuchte ich mich mit seinem Tod zu versöhnen. Doch dann hatte ich einen Traum von Tobias, der mein Gedankengebäude ins Wanken brachte: *Wir trafen uns auf dem Friedhof an seinem Grab. Er stand in seinem Grab, das bereits ausgehoben wurde. Neben dem Grab befanden sich die zahlreichen Kränze und Kerzen. Ich war froh ihn zu sehen, sprach mit ihm und freute mich, ihm endlich die Frage zu stellen, die mich nun schon seit Langem Tag und Nacht beschäftigt:* »*Wie geht es dir, dort wo du jetzt bist? Geht es dir gut?*« *Tobi antwortete nüch-*

tern, während er in seinem ausgehobenen Grab stand: »Wie soll es mir hier schon gehen?«, und schaute sich dabei um. »Tief unter der Erde, im Dunkeln, abgeschottet und fernab vom Leben.«

Ich wachte mitten in der Nacht auf. Was wenn es Tobi gar nicht gut geht? Wenn der Tod keine Befreiung für uns Menschen ist? Mir wurde klar, dass die Vorstellungen, die ich entwickelt hatte, auch falsch sein könnten. Mein Konzept vom Tod und der Zeit danach war erschüttert.

Trost kam dann von einer ganz anderen Seite. Ich erinnere mich an eine Autofahrt, die an Aachen vorbeiführte. Als Beifahrerin konnte ich aus dem Fenster träumen. Der Winterhimmel war grandios. Es gab ein imposantes Wolkenspiel. Die Wolken waren riesig und ganz hell, sie wirkten sehr mächtig und allgegenwärtig. Mir wurde klar, dass ich Tobias dort suchte und irgendwie auch fand. Die Sonne schickte ihre Strahlen durch die Wolken und der blaue Himmel ergänzte das Farbenspiel. Die Natur spiegelt mir oft Tobis neue »Heimat« wider und gibt mir Hoffnung, dass er dieser näher ist, als wir es sind. Die Natur und insbesondere der Himmel mit seiner Ausdrucksstärke bringen mich oft in Gedanken zu Tobi und bauen so die Brücke zwischen uns – an jedem Ort.

In einem weiteren Traum begegnete ich ihm erneut. Es war sein Unfall: *Ich befand mich in Ägypten an der Unfallstelle. Der Bus lag quer im Sand an einem Abhang. Tobi erkannte ich vor mir. Um mich herum Verletzte und Tote. Es war Nacht, trotzdem konnte ich ihn direkt vor mir sehen. Er gehörte jedoch nicht zu den Toten, sondern lebte. Er hockte im Sand und war total verzweifelt. Er sprach nicht mit mir, sondern verlieh seiner Verzweiflung Aus-*

druck, indem er sich nach vorne bückte, seine Finger durch den Sand zog und sie zu einer Faust ballte. Sein Gesicht zeigte mir seine Hilflosigkeit und Verzweiflung über das, was da gerade passiert war. Er sprach immer noch nicht mit mir. Er war mir sehr nah und wirkte lebendig, aber trotzdem nicht greifbar für mich. Gehörte er vielleicht doch zu den Toten?

Ich konnte und wollte lange nicht akzeptieren, dass Tobi bei dem Unfall gestorben ist. Der Traum erzählt von dieser inneren Auseinandersetzung.

Lea – eine Schwester

Physisch waren mein Bruder und ich seit dem 19. November 2011 getrennt. Trotzdem begegnete er mir treu in meinen Träumen und ließ mich dadurch wissen, dass er nach wie vor an meiner Seite ist. Zu Beginn haben mich Träume, in denen Tobias mir begegnete, belastet. Sie waren sehr brutal. Doch mit der Zeit begann ich, diese Träume wertzuschätzen, und begriff, dass der Traum eine einzigartige Einrichtung im menschlichen Leben ist, in dem sich Verstorbene aktiv den Lebenden zeigen können. Träume von Tobias spiegelten häufig meine Gefühlswelt wider oder ließen mich dieser bewusst werden.

Kurz nach Tobis Tod träumte ich mehrmals, dass ich wieder als Nachrichtenüberbringerin fungiere. Immer waren es furchtbare Nachrichten. In einem Traum starb ein guter Freund meines Bruders und ich hatte als alleinige Wisserin die Aufgabe, dessen Familie und Freunde zu informieren. Im Traum spürte ich, wie schwer dieses Wissen auf meinen Schultern liegt – genau wie damals, als mein Partner und ich die Ersten waren, die von Tobis Tod erfuhren. Wie in der realen Situation fühlte ich mich im Traum innerlich zerrissen, brach regelrecht in mir zusammen und schrie. Ich wünschte mir, diese Welt verlassen zu können, weil ich glaubte, die Verzweiflung nicht weiter aushalten zu können.

Oft träumte ich, dass ich eine weitere wichtige Person in meinem Leben verlieren könnte. Zudem verunsicherte mich der zweifache Schlaganfall meiner Großmutter, sieben Monate nach Tobias' Tod. Mein Unterbewusstsein spulte sämtliche Situationen ab, in denen ein Familienmitglied auf unbegreifliche Art ums Leben kam.

Vor allem aber ist mein Bruder in meinen Träumen immer wieder gestorben. Oftmals passierte dies in ganz absurden Situationen, wie z. B. beim Sturz von einem Hochbett. Ich stand zumeist wie angewurzelt und hilflos daneben. Durch diese Träume wurde mir das schier Unbegreifliche, das vermeintlich Absurde am Tod meines Bruders deutlich. Vor allem aber zeigten mir diese Träume meine Handlungsunfähigkeit. Mir wurde keine Chance gegeben einzuschreiten, seinen Tod zu verhindern – ich war machtlos im Moment seines Sterbens.

In den meisten Träumen begegnete mir mein Bruder aktiv. Er kam auf unerklärliche Weise zurück in meine Lebenswelt. Er war da. Zugleich schien Tobias in unseren Begegnungen distanziert und wenig erfreut, wieder da zu sein. In einem Traum traf ich Tobias und seine Freunde zufällig in einer Bar in Aachen: *Voller Freude über seine »Auferstehung« lief ich ihm entgegen und umarmte ihn. Seine sonst so feste Umarmung war dieses Mal kühl. Er erklärte mir, dass er in Ägypten entführt worden sei, und nun zu unseren Eltern gehen würde, um ihnen von seiner Rückkehr zu erzählen. Er ging ohne Verabschiedung.*

Das Bild von Tobias' Entführung begegnete mir immer wieder in meinen Träumen. Dies habe ich zunächst als brutal empfunden. Doch mit der Zeit wurde mir deutlich, wie sehr das Bild der Entführung zu Tobis Tod passt. Entführung bedeutet, dass jemand gewaltsam (und das war sein Tod) und ungewollt von seinem Umfeld getrennt wird. Zugleich lebt die entführte Person zwar noch auf diesem Planeten, ihr Aufenthaltsort ist jedoch unbekannt. Wenn mein Bruder sich mir in meinen Träumen zeigt, dann spüre ich, dass er hier bei mir und meiner Familie ist. Er schwirrt um uns herum, begleitet uns. Doch ich kann ihn nicht sehen, nicht umarmen und ich weiß nicht, wo sein Aufenthaltsort ist. Aber er ist da.

In einem äußerst grausamen Traum wurde bildhaft deutlich, was seit dem Tod meines Bruders mit mir geschehen war: *Ich träumte, dass ich von fremden Personen plötzlich festgehalten wurde. Mit einer Kreissäge wurde mir der rechte Arm abgetrennt. Ich hatte keine Möglichkeit, mich zu wehren. Auch nach Hilfe rufen konnte ich nicht. Denn meine Stimme versagte.*

Erst nach einigen Tagen verstand ich die Wahrhaftigkeit dieses Traumes. Mit dem Verlust meines Bruders wurde auf brutalste Art und Weise etwas Irreparables, etwas Lebensnotwendiges zerstört. Ich fühlte mich wie amputiert. Mir wurde ein Mensch genommen, der nicht zu ersetzen ist. Ähnlich wie bei einer Amputation wurde das Gleichgewicht in meinem Leben ausgehebelt. Und wieder einmal nahm ich im Traum die passive Rolle ein – ich war hilflos.

In anderen Träumen wurde meine Anstrengung, zwischen Trauer und Alltag zu leben, sichtbar. *So träumte ich beispielsweise, dass ich auf einer ausgelassenen Feier war, an der viele Freunde und Bekannte zugegen waren. Mitten auf der Tanzfläche versuchte ich zwei Personen, die mich aus unerklärlichen Gründen blutüberströmt aufsuchten, zu verarzten. Die verletzten Menschen rangen mit dem Le-*

ben. Um mich herum wurde fröhlich gefeiert und getanzt. Mir dröhnte die Party-Musik ins Ohr. Ich bat rufend um Ruhe und Hilfe. Aber keiner hörte mich, keiner sah mich.

Dieser Traum ist Synonym für mein neues, bipolares Leben. Ich lebe die Trauer und den Alltag parallel. Der Traum bringt zum Ausdruck, dass das Leben weitergeht, die Erde nicht aufhört sich zu drehen und ich mich inmitten dieser Dynamik mit meiner Trauer um meinen toten Bruder befinde.

Trost in der Trostlosigkeit

- **Trauernde** setzen ihre Beziehung zum Verstorbenen in Träumen auf besondere Weise fort.
- Trauernde sind gern allein und wünschen zugleich, dass es Menschen gibt, die sich für sie interessieren.
- Trauernde messen dem Geburts- und Todestag eine große Bedeutung bei.

- **Tröster** nehmen Anteil an den inneren Auseinandersetzungen der Trauernden und respektieren deren Wunsch, dem Verstorbenen eine überragende Bedeutung beizumessen.
- Tröster zeigen ihre Aufmerksamkeit insbesondere an den für den Trauernden wichtigen Gedenk- oder Erinnerungstagen.

10. Der Trost der unsichtbaren Welt
Die Kraft des Himmels

Aus den Trostbriefen

1. Korinther 13,12: »Jetzt sehen wir nur ein unklares Bild wie in einem Spiegel; dann aber stehen wir Gott gegenüber. Jetzt kennen wir ihn nur unvollkommen; dann aber werden wir ihn völlig kennen, so wie er uns jetzt schon kennt.« Tobias steht nun auf der anderen Seite des Spiegels. Ihr habt für die Todesanzeige die wunderbare Verheißung gewählt: »Wahrlich ich sage dir, noch heute wirst du mit mir im Paradiese sein.« Ein wunderschöner Gedanke und dennoch unendlich traurig und schmerzlich mit der Lücke zu leben, die Tobias bei all den Menschen hinterlässt, die ihn lieben.

Unsere Gedanken, Gespräche und Gebete wandern oft zu Euch. Wir haben Tobias das letzte Mal vor einem Jahr in unserem Garten getroffen. Es war ein schöner sonniger Tag. Während Carolin mit Laura in ihrem Zimmer spielte, führten wir bei Kaffee und Kuchen ein sehr lebendiges Gespräch, und Tobias hat damals begeistert von seiner Arbeit und seiner bevorstehenden Reise nach Japan erzählt. In seinen jungen Jahren hat er viel Schönes erlebt: Er ist Vater geworden, er hat viele Länder bereist, hat zahlreiche Menschen getroffen und viele Freunde gefunden. Mutig und entschlossen hat er viele Dinge in die Hand genommen, beruflich war er so erfolgreich, dass ihm schon eine leitende Stelle angeboten wurde. Bei allem Schmerz erscheint es als tröstlicher Gedanke, dass er mit seinen jungen Jahren so viele unterschiedliche und wertvolle Erfahrungen sammeln durfte.

Wir stehen Euch bei in Eurem Schmerz und sind als Freunde für Euch da! *Freunde der Eltern*

»Mitten im Leben sind wir vom Tod umfangen« – diese alte Weisheit wurde uns zur Gewissheit, als wir die Nachricht vom Tode Eures Sohnes in der Zeitung lesen mussten. Wir können Eure Trauer nur erahnen. Wir versuchen das Leid und die Verzweiflung, die der Tod Eures ältesten Kindes über Euch gebracht hat, mitzufühlen. Bewundernswert ist angesichts dieser Tragik Eure Hoffnung, die aus der Todesanzeige spricht. Im Angesicht des Todes Dankbarkeit für die gemeinsame Zeit äußern zu können, das ist der Anfang gelebter Erinnerung. Ihr stellt das Leben mit Tobias hinein in das österliche Geheimnis und knüpft so das Band der Liebe weiter, dessen Anfang und Ende in Gottes Händen liegt. Wir wünschen Tobias den Frieden, den die Welt nicht geben kann, und Euch Trost und Zuversicht für die Zeit ohne Tobias. *Bekannte der Familie*

Perspektiven der Trauer

Bernadette – die Mutter

In den ersten Monaten begleiteten mich die Erlebnisse aus der unsichtbaren Welt auf Schritt und Tritt. Ich fühlte mich in eine Sphäre zwischen Himmel und Erde versetzt. Ich war nicht hier und nicht dort. Meine Sinne und Gefühle waren hochsensibel, so klar und rein wie nie zuvor. Ich fühlte mich insbesondere von Erfahrungen angesprochen, die über alles Messbare und Beweisbare hinausgingen. Den Auftakt bildete der Hinweis meiner Schwester, dass sie im Zusammenhang mit Tobias' Tod auf die Evangelienworte hingewiesen worden sei, »Noch heute wirst du mit mir im Paradies sein«. Ohne Bemühen hatte ich von Beginn an die Gewissheit, es geht ihm gut. Schnell stellte sich bei mir der Wunsch ein, seine Ideale der Wertschätzung, seiner möglichst wertfreien Aufmerksamkeit Menschen gegenüber anhand meines Lebens zu überprüfen. Plötzlich sah ich mein Leben mit seinen Augen und fühlte mich herausgefordert. Als die Betäubung etwas nachließ, wurde der Schmerz umso intensiver und vervielfältigte meine chaotischen Gefühle der Trauer, die ich nur allmählich zulassen konnte. Ich ging auf die Suche nach Orten, an denen ich mich lassen konnte oder die meine Sehnsucht nach Tobias ein wenig stillten. Auf diesem Weg war die Natur meine intimste Begleiterin. Sie musste keine gewaltigen Anstrengungen unternehmen, keine Schluchten, gigantischen Berge oder extravaganten Sonnenuntergänge bieten, sondern das nahe gelegene Baggerloch und der Köln umgebende Mischwald reichten. Der Geruch der Fäulnis, der eisige Schnee, der Duft des Frühlings, die unterschiedlichen Vogelstimmen, das Glitzern der Tropfen auf Grashalmen, die blassen oder bunten Sonnenaufgänge am Morgen reichten, um den ewigen Kreislauf der Natur unmissverständlich aufzunehmen und darin tiefen Trost zu finden. Hier ist das Abgestorbene und die Vielfalt alles Lebendigen in einem Zyklus unentrinnbar miteinander verbunden. In der Natur geht nichts verloren, jeder Wassertropfen wird eingefangen, jedes Staubkorn findet seinen Platz und wirkt am Geschehen mit, wie sollte dann Tobias verloren gegangen sein? Draußen war er oft mit mir auf Tuchfühlung, ein Teil der Natur, er umhüllte mich und schenkte mir Geborgenheit in meinem Verlorensein. Hier war er so unmissverständlich präsent, wie ich es zuvor nicht hätte erahnen können. Wenn ich seine Nähe suchte, wenn ich Kraft zum Trauern verspürte, war ich in der Natur am besten aufgehoben.

Die Musik setzte diesen Ausnahmezustand fort. Ob ich der Musik im Autoradio, in der Philharmonie oder in einer Kirche lauschte, meine Seele wurde tief berührt. Musik wirkte auf mich wie eine Stimme des Himmels und zog mich wie an einem unsichtbaren Band zu ihm. Durch Musik wurde ich in wenigen Sekunden von den Untiefen meiner Trauer überwältigt. Der Alltag ließ mich vieles verdrängen. Musik hingegen entriss mich meinen täglichen Zwängen, nahm mich wie in einer Woge auf in eine andere über alles hinausweisende Welt mit. Alles Angestaute konnte abfließen und befreite mich. Musik formulierte für mich das, was in mir war und ich selbst nicht aussprechen konnte. Musik half mir, meine Gedanken zu ordnen. Musik ließ meine Gefühle fließen und entspannte mich.

Ein anderer Ort des Trostes wurde das Käthe Kollwitz-Museum. Allein zog ich durch dieses intime, kleine Museum, auf den Spuren von Käthe Kollwitz' Trauer um ihren sinnlos und so früh im Ersten Weltkrieg gefallenen Sohn. Aus jedem Bild sprang der Schmerz der Mutter auf mich über. Käthe Kollwitz wählte verschiedene Motive als Sinnbilder für den Tod, so die Hand, die einem entgegengestreckt wird oder von hinten zugreift, als Henker ohne Beil, zwei Gesichter, die verschmelzen. Hier drückt sie aus, wie sie mit ihrem Sohn im Tod verschmilzt, wie sie mit ihm stirbt. In diesen Bildern finden sich die verschiedenen Stationen ihres Trauerns wieder. Die Motive zogen mich magisch an, ihr Leid war mein Leid. Ihre Kunst war zeitlos, führte sie mich doch in eine intime Verbindung zu ihr als Mutter und in eine Gemeinschaft mit allen Trauernden. Ich erforschte ihre gezeichneten Gesichter und Gesten und fand mich in ihnen wieder. Sie besaß den Mut und die Fähigkeit, die Brutalität des Todes schonungslos auszudrücken, und stellte sich so in den Dienst aller verzweifelten Menschen. Sie schuf »Gedenkstätten« für ihren Sohn und unzählige Tote. In einer Kirchenruine in Köln steht frei einsehbar eine Nachbildung der »Trauernde(n) Elter(n)«, die Käthe Kollwitz nach 18 Jahren metaphorischer Arbeit, genauso lange wie das Leben ihres Sohnes währte, in Flandern auf dem Soldatenfriedhof errichten ließ. Wie treffend, mitten in Köln werden wir als Kölner oder Touristen plötzlich mit der Brutalität des Todes konfrontiert.

Bei einem Besuch in Greifswald stand ich vor den Bildern von Caspar David Friedrich, die die Macht des Todes auf gewaltige Weise wiedergeben. Sie ließen mich in der Betrachtung selbst zu einem Teil des Geschehens werden, die Stimmung der Bilder deckte sich mit meiner Seelenlage und wieder wusste ich mich verstanden.

Eine völlig andere, aber ebenso aufregende Begegnung hatte ich einmal am Grab von Tobias. Im Januar 2012 kam ich bei einer Autofahrt einmal zufällig am Friedhof vorbei. Gewöhnlich gehe ich zweimal in der Woche zum Grab, tags zuvor war ich noch dort gewesen, nichts drängte mich also dort hin. Doch einem Impuls folgend, fuhr ich nicht am Tor vorbei, sondern machte halt. Wie immer stärkte mich der Besuch mit einigen Minuten Stille und einem »Vaterunser«.

Auf dem Weg zum Ausgang kam ein kräftiger junger Mann auf mich zu. Ich hatte ihn noch nie gesehen, aber er identifizierte mich als Mutter von Tobias und sprach mich direkt an: Er sei Brasilianer und wäre vor 20 Monaten von Tobias in der Funktion als Übersetzer ausgesucht und von dessen Arbeitgeber eingestellt worden. Er sei beruflich in der Nähe unterwegs gewesen, hätte den Friedhof von der Beerdigung her wiedererkannt, sich aber innerlich gesträubt, das Grab aufzusuchen. Doch als er in Höhe des Eingangstores gewesen wäre, hätte er nicht widerstehen können.

Er beschrieb Tobias fast als seinen Freund, erzählte von der gemeinsamen Arbeit in Brasilien, von erfolgreicher Arbeit und Spaß in der Freizeit. Immer wieder wären sie über den Glauben und andere existenzielle Themen ins Gespräch gekommen. Sie hätten in São Paulo sogar gemeinsam einmal eine Bibel gekauft, um darin nach Weisheiten zu suchen. Tobias' Tod hätte ihn sehr geschockt und würde ihn nicht loslassen.

Es schien, als wäre er vom Himmel gesandt. Seine Worte und seine Zuneigung kamen bei mir wie eine Botschaft aus einer anderen Welt an. Die Begegnung ließ mich froh, ja, beflügelt zurück. So wie er vor mir aufgetaucht war, so verschwand er auch wieder. Auf meine Mail an ihn habe ich bis heute nichts gehört.

Kürzlich ließen wir unseren Garten neu gestalten. Der Teich war undicht. Die Gärtner hoben den alten Teich aus und zwischen vielen Findlingen sah ich plötzlich das alte Playmobil-Krokodil unseres Sohnes. Es hatte mindestens 23 Jahre auf dem Grund des Teiches gelegen. Ich stand fassungslos vor dem Plastikreptil, das so untrennbar mit Tobias' intensivem Spiel am Teich zwischen Kaulquappen, Fröschen und Plastiktieren verbunden war. Ich sah ihn vor mir, wie er mit seinem Freund am Teich stundenlang ein tiefzufriedenes Eigenleben zwischen echten und unechten

Tieren führte. Dieser Fund war für mich fast zwei Jahre nach seinem Tod sein bislang letztes Zeichen aus der unsichtbaren Welt.

Klaus – der Vater

Die ersten Wochen waren ganz von der Anstrengung geprägt, das unbegreifliche Geschehen zu realisieren, den unvorstellbaren Gedanken zuzulassen, meinen Sohn nie mehr wiederzusehen.

Die unsichtbare Welt konnte mich nicht trösten, das Vertrauen in einen uns überlegenen »Weltenlenker« hatte mich schon länger zuvor verlassen, nicht aber der Glaube an Gott. Die unsichtbare Welt war stumm, ich vermochte mich an ihr nicht zu erwärmen. Es schien, als zeige sie mir die kalte Schulter. Niemals zuvor hätte ich ein solches Schweigen und eine solche innere Dunkelheit für möglich gehalten. Jetzt, wo es auf den Trost Gottes ankam, fühlte ich mich allein, trotz der Menschen um mich herum, trotz des Glaubens an die Zugewandtheit Gottes, der lediglich auf ein Für-wahr-Halten seiner Existenz herabgesunken war, ohne belebenden Einfluss auf meine Befindlichkeit.

Die berühmte Frage, warum Gott ein solch grausames Ereignis zulässt, wie es mir widerfahren war, und die der »Fels des Atheismus« sein soll, drängte sich mir niemals wirklich auf. Im Laufe der Jahre hatte sich nämlich die Überzeugung, Gott greife aktiv in das Weltgeschehen und auch in mein persönliches Leben ein, aufgelöst. An ihre Stelle war die Erkenntnis getreten, dass Schmerz und Leid, Dunkelheiten und Ausweglosigkeit, Verzweiflung und Tod im Leben der Menschen ungehindert ihre Macht entfalten und kein Gott dieser Welt daran offenbar etwas zu ändern vermag. Im Gegenteil, er thront nicht etwa souverän über den Abgründen und Katastrophen unserer Existenz, sondern scheint dem Leid dieser Welt ohnmächtig gegenüber zu sein.

Auch der häufig anzutreffende Versuch, diesen Schattenseiten nachträglich irgendeinen, jetzt noch verborgenen, Sinn abzuringen, ignoriert die Realität des Sinnlosen. Die Sinnlosigkeit des Todes von Tobias ist durch keine noch so wohlfeile Deutung aufzulösen.

Aber welche Bedeutung hat Gott dann, wenn er für die Bewahrung vor den Übeln dieser Welt nicht zuständig ist, wenn er in mein vom Tode erschüttertes Dasein nicht einzugreifen vermag, wenn ich mitten im Elend scheinbar ohne ihn auskommen muss? Das Vertrauen, dass Gott zugewandt an meiner Seite ist, mich nicht vergisst und mir beisteht, erst recht, wenn ich mich mit den Erschütterungen meines Lebens herumquäle, ist ungebrochen. In der tiefsten Trauer weiß ich ihn in meiner Nähe, auch und gerade dann, wenn seine Gegenwart weder spürbar noch erkennbar, das Erleben des Alleinseins intensiv ist und meine Ohnmacht sich wie ein bleierner Mantel über meinen Alltag legt. Seine »Macht« ist offenbar völlig anders, nicht eine Allmacht, die alles überbietet, was ich mir an innerweltlicher menschlicher Macht vorstelle, die im Handstreich die Probleme des Lebens auflöst, sondern vielmehr eine Macht, die mich in die Lage versetzt, mich trotz meiner abgrundtiefen Traurigkeit dem Leben zuzuwenden, handlungsfähig zu bleiben, der Macht des Todes und der Trauer nicht die Herrschaft über meine Gegenwart und Zukunft zu überlassen, eine Macht, die inwendig wirkt und aus der sich, wie aus einem winzigen Samenkorn, hoffnungsvolle und lebensspendende Kräfte entwickeln.

In Jesus selbst zeigt sich der verletzbare, hilflose, dem Elend und letzten Endes auch dem Tod am Kreuz ausgesetzte Gott. Ich ahnte, dass ein solcher Gott eher an meine Seite passt, dass ein solcher Gott eher eine Ahnung von meiner abgrundtiefen Verzweiflung und Verlorenheit hat als der über Tod und Teufel triumphierende. Dieses Bild von Gott und diese Gedanken halfen mir in meiner eigenen Verletztheit.

Als weitaus schwieriger erwies es sich, mir vorzustellen, wo mein Sohn nun war. So sehr wünschte ich mir, er wäre mit seiner ganzen persönlichen kostbaren Welt, seinen Erfahrungen, seinen Tränen, seinem Lachen, das seinem Gesicht so gut stand, seinen Beziehungen, seinen Ängsten und auch seiner Lebensfreude bei Gott gut aufgehoben, und zugleich fürchtete ich, dieser Wunsch sei eine bloße Illusion, nach seinem Tod breitete sich nur die Stille um ihn aus, und Gott als die letzte tragende Wirklichkeit seines Lebens sei abwesend. Bis heute lebt dieser Zwiespalt in mir, Hoffnung und Resignation wechseln sich beständig ab.

Von Zeit zu Zeit stöberte ich in der Bibel in der Hoffnung, sie könne mir den Trost vermitteln, nach dem ich mich so sehnte.

Ich stieß auf die berühmte Erzählung der Begegnung Jesu mit seinen Freunden nach seiner Auferweckung von den Toten. Er ließ den zweifelnden Thomas seine Hände und seine Seite und damit seine Verwundungen sehen und berühren. Zu dem Auferstandenen, dessen Sieg über den Tod die Christen feiern, gehören zugleich seine Wunden, das Leben nach dem Tod ist nicht ohne das Leiden vor dem Tod zu denken. Diese Wunden werden nicht in eine schöne Zukunft hinein aufgelöst, sie erinnern an die dunklen Seiten seines Lebens. Mir wurde deutlich, dass die Verwundungen meiner Seele bleibend zu mir gehören und ich mit diesen Wunden bis zum Ende meiner eigenen Existenz würde leben und meine Zukunft gestalten müssen, auch wenn ich zuversichtlich war, dass für mich irgendwann wieder bessere Zeiten anbrechen würden.

Würden diese Wunden heilen, würden sie möglicherweise auf unabsehbare Zeit schmerzen, wie würde ich mich überhaupt noch dem Leben zuwenden können? Wann würden denn für mich bessere Zeiten anbrechen? Würde es für mich ein Leben vor dem Tod geben?

Meine Tochter Lea hatte sich im Rahmen ihres Theologiestudiums mit den Erzählungen über Mose befasst. Während wir uns über diese Texte austauschten, erinnerten wir uns, dass Moses großer Wunsch war, Gott wie einen Freund von Angesicht zu Angesicht zu sehen. Gott gewährt ihm die Erfüllung seines Wunsches nicht, er offenbart sich ihm vielmehr »von hinten« (2. Mose 33,23), lässt Mose lediglich seinen Rücken sehen, was man auch mit »im Nachhinein« übersetzen kann. In diesem Wort erkenne ich meine Gegenwart. Ich erlebe Gott als stumm, fern und unnahbar, als habe er sich von mir abgewandt und ginge seiner Wege. Allenfalls im Nachhinein und im Rückblick könnte es mir gelingen, seine Spuren in meinem Leben wahrzunehmen und zu deuten. Er mutet mir und allen Menschen zu, die Krisenzeiten und Herausforderungen durchzustehen. Allerdings erlauben die Erlebnisse des Mose mit seinem Gott, das Vertrauen zu hegen, dass gerade dieser Gott, der sich nicht offen zeigt, zum Wegbegleiter wird, wenn ich nur den Aufbruch ins Leben trotz und in der Trauer wage, wohl wissend, dass die Wegstrecke unkalkulierbar lang sein wird.

Solche Überlegungen stärkten mich einerseits, andererseits mischte sich der Zweifel ein, dies alles könnten Wünsche sein, die jeder Realität entbehrten und die mich lediglich über die bittere Wirklichkeit hinwegtrösteten.

Ich beschäftigte mich nicht viel mit Glaubensfragen, der Himmel war weit weg, umso mehr forderte mich die Erde. Die Aufgabe, im Leben zu bleiben, beanspruchte meine psychischen und physischen Kräfte. Mein Lebensglück war von einem auf den anderen Tag zerbrochen, ich erlebte mich als im Tiefsten verletzt, die Brüchigkeit des Lebens, von der ich bisher verschont worden war, hatte sich mir unbarmherzig gezeigt. Die Mitfeier der Gottesdienste fiel mir schwer, die Lieder, die mitzusingen ich nicht in der Lage war, trafen meine Befindlichkeiten ebenso selten wie die Gebete und Ansprachen. Allein das in jedem Gottesdienst vorkommende Andenken an die Verstorbenen berührte mich tief und schenkte mir eine kurze Weile der innigen Verbindung mit Tobias. Ich war dankbar dafür, dass in der Kirche die Realität des Todes nicht verleugnet wurde.

Fast zwei Jahre nach seinem Tod nutzte ich die Gelegenheit, für einige Wochen ganz allein in Südostanatolien Urlaub zu machen. Dort unternahm ich eine Tour zum Berg Nemrut, auf dessen Gipfel die alte Kultstätte eines längst untergegangenen Königreiches zu bewundern ist. Zuvor musste ich mich entscheiden, ob ich zum Sonnenaufgang oder -untergang aufsteigen wollte. Ich wählte den Aufgang der Sonne. Er könnte eher ein Symbol für meinen Wunsch werden, die Nacht der Traurigkeit hinter mir zu lassen, dem Dunkel der Verzweiflung zu entkommen, als der Sonnenuntergang, der das Ende des hellen Tages ankündigt.

Mitten in der Nacht stand ich auf, um den Fußweg bergauf zum Gipfel bis fünf Uhr zu schaffen. Die schwarze Nacht erlaubte lediglich dem Mond und den Sternen, ihre Dominanz mit ihrem Leuchten zu mildern. Je mehr mich das Dunkel verschluckte, umso trauriger fühlte ich mich. Schon kurz nachdem ich den Gipfel erreicht hatte, begann die Nacht sich zurückzuziehen, es wurde zögerlich hell, der Horizont färbte sich zart rot ein. Die rote Sonne erhob sich aus dem grauen Hintergrund und ließ die Nacht im Nu vergessen. Mir stand die biblische Erzählung vor Augen, nach der die Frauen zum Grab Jesu gingen, als es noch dunkel war, und sie trauten ihren Augen nicht. Jesus war auferweckt worden, er lebte, und das verwandelte ihr Dunkel in Licht. Ich spürte beides in mir: die Nacht gehört zu mir wie nie zuvor, sie schirmt mich auch vor den Blicken der Menschen ab und schützt. Die Dunkelheit umfängt mich, und in ihr fühle ich mich Tobias nah. Der Aufgang der Sonne, die meine Welt in Licht taucht, der »Tag« hingegen nimmt mich an die Hand, wie man ein Kind an die Hand nimmt, um ihm die Schönheiten dieser Welt vor Augen zu führen.

Tag und Nacht, Höhen und Tiefen, gehören in meinem Leben wie zwei Seiten der Wirklichkeit zusammen – sie sind in meinem Inneren untrennbar miteinander verbunden. Vielleicht liegt der Schlüssel für meine Zukunft darin, dazu schlicht Ja zu sagen.

Rebecca – eine Schwester

Eines der Hauptthemen nach Tobis Tod war die Frage danach, wo er nun sei und ob wir ihm wieder begegnen würden. Oft saßen wir in der Familie zusammen und philosophierten darüber, wie es nach dem Tod weitergehe und in welcher Form wir Tobi eines Tages wieder begegnen mögen. Geprägt vom christlichen Glauben war meine Familie der Ansicht, der Tod verwandele das Individuum in einen anderen Seinszustand und dass wir uns in einer, der Realität fernen, anderen Welt wieder finden würden. Dieser Glaube verlieh meiner Familie Trost und machte die Trennung von Tobi erträglicher. Ich hingegen fand wenig Trost in der Vorstellung einer Verwandlung unseres irdischen Lebens in ein himmlisches. Je intensiver ich mich mit dem Phänomen »Tod« beschäftigte, desto glaubhafter erschien mir die Vorstellung, dass der Tod den Endpunkt unserer Existenz darstellte und die Sehnsucht der Menschen nach einer ewigen Fortsetzung unseres Seins und dem Wiedersehen der Verstorbenen uns dazu motivieren möge, auf ein Leben nach dem Tod zu hoffen. Es erschien mir mindestens so wahrscheinlich, dass der Tod jegliche Form der Gemeinschaft für immer aufzulösen vermochte. Im tiefsten Inneren war ich damit beschäftigt, mich mit der »Endlichkeit« unserer Existenz abzufinden und auch in dieser Vorstellung einen Sinn zu erkennen.

Anfangs hielt ich mich mit meinem wachsenden Zweifel über die Anschauung meiner Familie bezüglich einer »himmlischen« Fortsetzung unseres Zusammenseins nach dem Tod zurück. Ich fürchtete mich davor, die Trost spendende Hoffnung, Tobi eines Tages wieder begegnen zu können, ins Wanken zu bringen. Als ich zu einem späteren Zeitpunkt meiner jüngeren Schwester meine Zweifel mitteilte, reagierte sie ganz irritiert: »Wie, du glaubst nicht daran, dass wir Tobi nach unserem Tod wiedersehen werden?« Ihre emotionale Reaktion bestätigte meinen Verdacht, die Erwägung eines »Nicht-Wiedersehens« könne Unbehagen hervorrufen. So entschied ich für mich, dieses heikle Thema, an dem so viele Hoffnungen und Sehnsüchte hingen, wenn möglich, auszusparen.

Tobis Tod hatte für mich das Bewusstsein verschärft, dass wir zerbrechliche Teile der Natur sind, und die Überheblichkeit und Allmachtsvorstellungen, mit denen der

Mensch bisweilen durch die Welt schreitet, infrage gestellt. Noch stärker als zuvor machte ich es mir zur Aufgabe, meine Wünsche und Sehnsüchte, wenn möglich, nicht auf die Zukunft zu verschieben, sondern im Hier und Jetzt zu leben und behutsam mit unserer Welt umzugehen. Tobis Seele sollte in meiner Erinnerung weiterleben. Ich ermutigte mich, von seinen Stärken zu lernen und Auszüge seines Seins an meine Kinder weiterzugeben in der Hoffnung, ein Stück seines unverwechselbaren Wesens konservieren zu können. Die Möglichkeit eines gemeinsamen Wiedersehens in einem veränderten Seinszustand war mir zu ungewiss, als dass sie mir hätte Trost spenden können.

Die Vorstellung, der Tod markiere den Endpunkt unseres Seins, geriet an Tobis erstem Jahresgedächtnis kurzweilig ins Wanken. Mein Freund und ich waren mit unserer Tochter übers Wochenende nach Hudson gefahren, ein kleines englischsprachiges Städtchen am See, unweit von Montreal. Wir hatten das Bedürfnis, uns in der Natur wiederzufinden, abgeschirmt von der Hektik und dem Autolärm der Großstadt. Ich vermutete, dass dies die richtige Umgebung sei, um Raum für die Beziehung zwischen Tobi und mir zu schaffen und ihm an seinem Todestag nahe zu sein. In Tobis Todesstunde flüchteten wir uns in den Wald. Wir spazierten an einem einsamen See entlang, der uns in seiner Abgeschiedenheit innere Ruhe spendete. Lange Zeit war keine Menschenseele zu sehen und wir verloren uns schweigend in unseren Gedanken und Träumereien, während wir über den Kiesstrand am Ufer des Sees liefen.

Wie aus dem Nichts tauchte mit einem Mal ein schöner, gefleckter Hund hinter den Bäumen auf. Mit dem Schwanz wedelnd kam er auf mich zugelaufen. Ich war überrascht über diesen Szenenwechsel, der unsere Stille so plötzlich unterbrach. Sein Herrchen, das kurze Zeit später zu sehen war, rief sogleich seinen Namen – Tobi. Der Hund drehte noch eine weitere, fröhliche Runde um mich herum und war mit seinem Herrchen kurze Zeit später wieder im Nichts verschwunden. Ich traute meinen Augen nicht. Konnte das ein Zufall sein? In der Todesstunde meines Bruders läuft mir mitten in der Waldeinsamkeit ein Hund in die Arme, der den gleichen Namen wie mein Bruder trägt. War dies ein vom Himmel gesandtes Zeichen, das meinen Zweifel an einer Fortsetzung unseres Lebens nach dem Tod wieder aufrollen sollte? Ein himmlischer Hinweis darauf, dass mein Bruder auf eine andere Art und Weise weiterlebt und unter uns ist? Nun hatte auch mich kurzzeitig der Glaube gepackt, der Hund möge ein Sinnbild dafür sein, dass es nach der irdischen Existenz in einem anderen Seinszustand weitergehen mag.

Die Begegnung mit dem fröhlichen Hund ist bis heute das einzige Zeichen, das wie vom Himmel gesandt zu sein schien und die Hoffnung auf ein Wiedersehen in ferner Zukunft kurzfristig auflodern ließ. Weitere Erlebnisse, die Hinweise auf eine spirituelle Fortsetzung unseres Lebens nach dem Tod hätten sein können, vermisse ich seither. Manchmal frage ich mich, ob das Ausbleiben solcher Zeichen unserer distanzierten Beziehung zu Lebzeiten entspricht. Vielleicht reichen die wenigen Berührungspunkte, die meinen Bruder und mich verbanden, nicht aus, um solche Spuren wahrzunehmen. Vielleicht verwehrt mir das eine spirituelle Kontaktaufnahme. So schöpfe ich insbesondere Trost aus der sichtbaren und greifbaren Welt, ohne jedoch die Hoffnung aufzugeben, dass auch mich weitere »himmlische Botschaften« erreichen werden, die meinen Zweifel an einem »Danach« infrage stellen und erneut Zuversicht auf eine himmlische Zukunft wecken können.

Lea – eine Schwester

Zum Joggen hatte ich lange Zeit keine Kraft. Als ich mich nach mehreren Monaten endlich aufraffte, überfiel mich eine große Angst. Das Joggen war immer eine Zeit gewesen, die nur mir und meinen Gedanken gehörte. Jetzt fürchtete ich mich davor, die tiefe Trauer während des Joggens noch schonungsloser zu spüren. Trotzdem fing ich wieder an, in den Wäldern Aachens zu laufen. Der Duft der Bäume und die meditative Ruhe im Wald führten mich gedanklich gleich zu meinem Bruder. Wie sehr liebte er die Natur, bestieg Berge und bestaunte Tiere. Hier in der Natur fühlte ich mich ihm besonders nah. Zugleich spürte ich den Schmerz über seinen Tod wie kleine, feste Nadelstiche in meinem Herzen. Ich weinte häufig während der gesamten Laufstrecke. Aber immer lief ich weiter. Dabei fühlte ich mich von ihm unsichtbar begleitet. Die Natur verband uns auch über seinen Tod hinaus. Hier konnten wir uns »begegnen«.

Als meine Patentante vor 16 Jahren starb, tröstete meine Mutter mich, indem sie mit mir jeden Abend vor dem Schlafengehen den hellsten Stern am Himmel aussuchte. Dann stellten wir uns vor, dass meine Patentante der Stern ist und für uns leuchtet. Seitdem hat der Sternenhimmel etwas Magisches für mich. Seit Tobias nicht mehr da ist, finde ich auch ihn oft inmitten der Sterne. Vor allem in Urlauben am Meer genügt schon ein kurzer Blick in den sternenklaren Himmel, um in eine tiefe Trauer zu versinken. Sterne haben für mich etwas Anziehendes. Ich spüre dann, dass die Verbindung zwischen Himmel und Erde ewig ist. Wenn ich mich in Situationen befinde, in denen ich mich nicht von meiner Trauer kontrollieren lassen möchte, sondern im Gegenteil meine Trauer kontrollieren möchte, schaue ich nicht in den nächtlichen Himmel. Denn ich weiß, ein kurzer Blick genügt, um in Tränen auszubrechen.

Nicht nur Kinder fragen sich, wo Verstorbene »wohnen«. Auch ich fragte mich häufig, ob mein Bruder nun einen dieser Sternenplaneten bewohnt. Dieses Bild tröstet mich. Den Sternenhimmel kann ich überall auf unserer Erde finden und somit auch meinen Bruder.

Spirituelle Erfahrungen erlebte ich in Kirchen. Sobald ich eine Kirche betrat, überfiel mich meine Trauer. Die Kerzen, die Stille, der Geruch – all dies wirkte beruhigend auf meine Sinne und ließ mich weich werden. Immer zündete ich eine Kerze an. Die vertikal brennende Kerze empfand ich als Sinnbild für den Bund zwischen Jenseits und Diesseits, zwischen Tobias und mir.

Wenn die Sehnsucht besonders groß ist, bete ich darum, dass mein Bruder sich mir irgendwie zeigt. Je mehr ich es mir wünsche, desto weiter weg fühle ich mich von ihm. Trotzdem kann ich darauf vertrauen, dass er mir in unregelmäßigen Abständen auf mystische Weise begegnet. Sei es im Traum, in der Natur oder im Alltag. Völlig vertieft in ein Fußball-EM-Spiel sah ich ihn für eine hundertstel Sekunde als Fußballspieler. Ich erstarrte für eine kurze Zeit, begriff aber schnell, dass ich meinen Augen nicht trauen kann. Ähnliche Alltagssituationen erlebte ich beispielsweise auch am Kölner Hauptbahnhof, als ich glaubte, ihn plötzlich aus einem Zug aussteigen zu sehen. Solche rätselhaften Momente ließen mich wissen, dass sein Körper vergänglich, aber seine Seele ewig ist.

Trost in der Trostlosigkeit

- **Trauernde** sind für unerklärliche Phänomene, Erlebnisse und Erfahrungen aufgeschlossen, die die Distanz zwischen den Lebenden und den Toten verringern.
- Trauernde suchen in ihrer Spiritualität und dem Glauben die Gewissheit, dass der Verstorbene bei Gott bleibend aufgehoben ist.
- Trauernde suchen Ruhe und Stille, die der inneren Sammlung und dem Kontakt zum Verstorbenen dienen.
- Trauernde finden in der Kunst, Literatur und Musik, in der Kultur und Natur Möglichkeiten, unaussprechliche Gefühle und Gedanken auszudrücken.
- Trauernde hält der Glaube an eine Wiederbegegnung nach dem Tod am Leben.

- **Tröster** würdigen und unterstützen die religiösen Gefühle der Trauernden und begreifen sie als Halt gebend und heilend.

11. Ortswechsel
Vom Reisen

Aus den Trostbriefen

Euer Sohn ist tot. Die Welt hält ihren Atem an. Die Natur ist gesunken in tiefstes Schweigen, ich möchte Euch mein Beileid aussprechen. Es wird keine Worte geben, die heilen, keinen Blick, der ganz verstehen kann, doch wisst, dass ich in Gedanken und Gebeten bei Euch bin, jeden Tag seit der unfassbaren Nachricht. In Euren Tränen umarme ich Euch und Eure Töchter und Laura, weine, ringe und liebe mit Euch.

Dort, wo nur Dunkelheit ist, wird eines Tages wachsen, sich etwas zeigen, was immer bleiben wird. Tobias' Leben, seine Stimme, seine Spuren, einzigartig. *Eine Freundin*

Perspektiven der Trauer

Bernadette – die Mutter

Urlaube waren meine Rettung. Ein paar Tage im Schwarzwald über den Jahreswechsel 2010/11 hatten uns schon sehr gut getan und zu Karneval flüchteten wir erneut und nahmen das Angebot unserer Verwandten wahr, für fünf Tage in einem Hotel verwöhnt zu werden. Die Zweisamkeit ließ uns ruhiger werden. Ich erinnere mich gut, wie ich buchstäblich wie in Watte gepackt, gefühlsmäßig gedämpft, durch die wunderbar verschneite Landschaft lief. Auch hier fühlte ich mich in der Natur aufgehoben, sie half mir, in einer Art Schwebezustand zwischen Himmel und Erde zu verweilen. Hier kannte mich keiner, niemand wollte etwas von mir, und ich konnte alleine oder mit Klaus weinen, bis ich erschöpft war, um anschließend meiner unendlichen Müdigkeit nachzugeben und zu ruhen. Die anderen Gäste waren lediglich Kulisse, ich mied jeglichen Kontakt, genoss die Annehmlichkeiten des Hauses und fühlte mich bevorzugt, diesen Luxus nutzen zu dürfen.

Hier genoss ich auch das erste Mal wieder ein köstliches Essen. In den Wochen davor war Essen nur zum Überleben notwendig gewesen. Ich las viel, um mein Schicksal anhand anderer Schicksale zu relativieren und Bewältigungsstrategien anderer Betroffener kennenzulernen. Nur Elementares zählte. Mehr wollte und brauchte ich nicht. Die geschenkten Fürsorglichkeiten waren für mich reine Gnade und das Beste, was mir passieren konnte.

In den Osterferien 2011 flogen wir mit Laura nach Tunesien. Es waren die ersten Wochen nach der Revolution, und wir begegneten vielen Menschen, die erstmalig für bessere Arbeits- und Lebensbedingungen ihre Stimme erhoben. Diese Erlebnisse und die Gespräche mit den Menschen dort rückten meine Trauer in ein neues Licht. Wie selbstverständlich leben wir in Deutschland ein Leben in Demokratie, und wie selbstverständlich nutzten wir die Annehmlichkeiten Tunesiens, das noch nie eine Demokratie kennengelernt hatte. Die Begegnung mit den Menschen der Revolution tat mir gut, sie weitete meinen durch die Trauer verengten Horizont.

Sommer 2011. Im Dauerregen kamen wir mit dem Flugzeug auf Usedom an, die Insel stand buchstäblich unter Wasser. Doch kaum hatten wir das Flugzeug verlassen, riss der Himmel genau für die Dauer unseres einwöchigen Aufenthalts auf. Ein Himmelsgeschenk. Wir hatten ein nettes Hotel am Strand mit Blick auf das Meer gewählt. Am Morgen standen wir mit dem Rauschen des Meeres auf und gingen mit diesem am Abend ins Bett. Die Insel lud uns zum Fahrradfahren ein. Wir hatten Lust dazu und fühlten uns stark genug, lange, entspannende Touren zu den entlegenen Winkeln der Insel zu unternehmen. Das Bedürfnis nach Bewegung kehrte zurück. Wir tankten Sonne, schwammen, lagen auf einer Wiese oder am Strand und schauten in den tiefblauen Himmel, in dem wir uns verlieren konnten.

Ich saß gerne im Strandkorb, genoss den Blick auf die Weite des Meeres und wurde doch immer wieder von heftigen Gefühlen und verzweifelten Gedanken übermannt. In dieser Zeit gingen mir Bilder von Tobias' Tod nach: Wie er sich mit dem Bus mehrfach überschlug, wie er wohl glaubte, sich durch Festhalten retten zu können, und dann der Moment, in dem er durch den Bus erschlagen wurde. Welche Panik, welche Augenblicke der Angst bestimmten seine letzten Empfindungen? Ich war wie unter Zwang, meine Seele verlangte von mir, diese Bilder wieder und wieder abrufen zu müssen, bis sie langsam blasser und erträglicher wurden. Es war wie eine täglich zu wiederholende Übung, die ich nicht selber gewählt hatte, die sich mir aufdrängte und die mich mit meinem unendlich schmerzlichen Verlangen nach Tobias immer wieder herausforderte. Gleichzeitig peinigte mich, dass er einfach verschwunden war. Es gab keinen Abschied, ich durfte nicht mal seinen toten Körper berühren, konnte keine letzten Worte zu ihm sprechen, konnte ihm meine tiefe Liebe und Zuneigung nicht zeigen. Er war plötzlich tot und unerreichbar. Es kostete Kraft, nach solch traumatischen Minuten wieder in den Ferienalltag zurückzufinden.

Glücklicherweise fanden Klaus und ich auch unter diesen Bedingungen einen guten Rhythmus, in dem jeder mit seinen Bedürfnissen vorkam. Alle Kontroversen, wessen Interessen mehr Gewicht erhielten, waren aufgekündigt, unwichtig, fast lächerlich geworden. Wir verstanden uns ohne viele Worte. Auch für den Austausch über unseren Zustand war das Reden zweitrangig. Weinen war oft leichter und erlösender. Meistens weinten wir nacheinander im Arm des anderen, hielten uns an den Händen. Kleine Zärtlichkeiten schenkten mir Geborgenheit und Sicherheit.

So anders die Urlaubstage waren, die Nächte unterschieden sich nicht von denen zu Hause. Jede Nacht wurde ich wach, meistens zu der Zeit, als uns die Todesnachricht erreicht hatte, und konnte lange nicht einschlafen. Keine Albträume, einfach wach liegen, ein nächtliches Gedenken, innere Unruhe, weil alle Gelenke schmerzten, keine Lage mir Entspannung schenkte, mit der wunden Seele und dem müden Körper kämpfend immer wieder das Unbegreifliche begreifen lernen müssen.

Im Herbst stand der Besuch bei Rebecca in Kanada an. Wie sehr freute ich mich darauf, mit der ältesten Tochter, die in der Ferne lebte, trauern zu können, ihre kleine Familie mit ihren Lebensgewohnheiten und Freunden in einem fremden Land zu erleben. Der andere Kontinent und das Enkelkind lenkten mich immer wieder von meiner Trauer ab. Wir verfolgten gemeinsam die Pfade in die Nationalparks, die sie mit Tobias kurz vor seinem Tod bereist hatten, standen an den Aussichtspunkten, wo er gestanden hatte, und suchten die Orte auf, die er aufgesucht hatte.

Es tat gut wegzufahren. Die Urlaube setzten Zäsuren in

den Alltag, ermöglichten eine Pause, wie eine kleine Kur, deren heilende Spuren sich im Alltag jedoch schnell wieder verliefen. Doch ohne diese Auszeiten, ohne die Nähe zur Natur wüsste ich nicht, wie ich immer wieder zur Besinnung, zu Kräften und zu neuer Zuversicht gefunden hätte.

Klaus – der Vater

Nicht nur die Ferien markierten einen Ortswechsel. Für mich öffnete sich ein neuer Raum, als es mir wieder gelang, mich zu meinen ausgedehnten Waldläufen zu entschließen. Das war etwa vier Monate nach Tobias' Tod. Der nahe Wald nahm mich in seine Obhut und bot den Raum, in dem ich mich eine Stunde lang allein bewegen konnte. Das Alleinsein empfand ich als wohltuend, hier verunsicherten mein Schreien und meine Tränen niemanden, hier fühlte ich mich meinem Sohn in besonderer Weise verbunden. Allerdings meldeten sich bei diesen Läufen auch Zweifel: War meine Beziehung zu Tobias gut genug gewesen? Was hatte ich an ihm versäumt? War ich ihm ein guter Vater gewesen? Diese Fragen sind bis heute nicht verstummt. Heute würde ich meine Beziehung zu ihm anders, offener und engagierter gestalten, wenn ich nur könnte.

Ab und zu suchte ich Kirchen in Köln auf, deren Ausstrahlung mich immer schon angezogen hatte und in denen ich mich mit der Last meines Lebens eingeladen fühlte. Auch das waren heilsame Orte. Ohne dass ein Gottesdienst stattfinden musste, wirkte die Architektur wie ein einziges Glaubensbekenntnis, dem ich mich wortlos anschließen konnte. Meine eigene Beziehung zu Gott ruhte, umso tröstlicher war die Annahme, dass andere Menschen in ihm Halt und Zuversicht gefunden hatten.

Einen weltlichen, aber ebenso kostbaren Ortswechsel birgt für mich die jährliche Einladung von Tobias' Aachener Fußball-Freunden zu ihrer Weihnachtsfeier. Diese Einladung nehme ich gerne an. Ich bin für einige Stunden an einem Ort, an dem Tobias zehn Jahre gelebt und wo er sich wohlgefühlt hat. Ich bin mit den »Jungs« zusammen, die er gemocht hat und die mir immer wieder andere Geschichten, die sie mit ihm erlebt haben, erzählen. Dieser Ortswechsel ist »traurig-schön«. Wie sehr wünschte ich, er würde bei ihnen stehen und mit ihnen lachen.

Trost in der Trostlosigkeit

- **Trauernde** erleben anfangs keinen qualitativen Unterschied zwischen Werktagen und Feier- oder Ferientagen. Die Tage wollen lediglich »abgelebt« werden.
- Trauernde finden später in Urlauben eine Unterbrechung des Alltags, die ihr Herz für neue Gedanken, Aufgaben und Möglichkeiten öffnet.
- Trauernde erleben die engen familiären Beziehungen trotz aller Unterschiedlichkeit als wohltuend und Energie spendend.

- **Tröster** wissen darum, dass Trauernde an den arbeitsfreien Tagen und Wochenenden ihre Traurigkeit besonders intensiv erleben.
- Tröster zeichnen sich besonders durch ihre anhaltende Treue, die langen Atem braucht, gegenüber den Trauernden aus.

12. Briefe an Tobias
Wir werden uns wiedersehen

Perspektiven der Trauer: Trostbriefe

Lieber Tobias, Du wirst diese Zeilen nicht mehr lesen. Deine Eltern werden dies tun, vielleicht auch Deine Laura, wenn sie älter ist.

Warum ich Dir trotzdem schreibe? Weil dies die Möglichkeit ist, mich von Dir zu verabschieden. Du hast uns so unvorbereitet verlassen. Viel zu früh! Tröstlich dabei ist allein der Gedanke, dass nicht die Jahre im Leben zählen, sondern das Leben in den Jahren. Bei Dir gab es kein: »Wenn ich erst mal …, dann …!« Du hast gelebt, jeden Tag, jede Minute!

Ich bin sehr dankbar, Dich kennengelernt zu haben, Dein Vertrauen gehabt zu haben, als ich Dich zu Beginn der Traineezeit coachen durfte. Danke, dass auch Du mich etwas gelehrt hast: den Augenblick zu leben, nicht zu viel zu planen und mit einem zwinkernden Auge durchs Leben zu gehen.

Ich werde sicher niemals Couchsurfer, werde nie so spontan sein, wie Du es warst. Und doch bleibst Du meine Erinnerung daran, im Hier und Jetzt zu leben und jeden Moment auszukosten.

Deine Lebensmischung aus jungenhafter Spontaneität, Ausgelassenheit und seriöser Zugewandtheit hat mir sehr imponiert. Ich habe jede Minute mit Dir genossen. Danke, dass Du mich so oft zum Lachen gebracht hast. Unsere Seelen werden sich wieder begegnen. *Eine Kollegin von Tobias*

Lieber Tobias, ja, Du wunderst Dich bestimmt von mir Post zu bekommen ... – Vielleicht sollte ich erst einmal klären, wer ich überhaupt bin, woher ich Dich kenne, und vielleicht kommt dann ein wenig die Erinnerung, und Du sagst, ach ja, die Frau K., die Gisela!

Bewusst kennengelernt habe ich Dich durch einen Blumenklau: Du hattest mit zwei Freunden, nach einer Party meiner Tochter, Blumen aus unserer Gartenanlage mitgehen lassen. Dies fanden wir wohl nicht so toll, aber, mein Gott, Ihr hattet doch einfach nur Spaß gehabt. Du brachtest mir später Blumen als Entschuldigung vorbei – ob aus dem Garten oder einem Blumengeschäft – keine Ahnung, war aber auch egal. Ich freute mich, fand es einfach richtig nett.

Das letzte Mal bewusst gesehen habe ich Dich in der Schule, als Du in Vertretung Deiner Eltern wegen einer Deiner jüngeren Schwestern einen Termin hattest. Ich war wegen meiner Kinder da. Ich freute mich sehr, Dich zufällig wiederzusehen und Du Dich wohl auch. Das Erste, was Du sagtest: »Wir haben uns doch immer geduzt.« Ich musste schmunzeln. Du hast dann von einer Amerikareise erzählt. Es war interessant und amüsant, es kam viel Positives rüber. Du konntest sehr schön erzählen.

Von meiner Tochter weiß ich, dass Du stolzer und glücklicher Vater geworden bist, und habe über sie immer mal wieder etwas über Deinen privaten und beruflichen Werdegang gehört. Ja, und jetzt, was soll ich sagen, jetzt besteht nicht mehr die Möglichkeit, Dich zufällig zu sehen. Du bist gegangen, und leider nicht auf eine Deiner vielen Reisen. Für mich ändert sich nicht viel, aber für Deine Lieben, Deine Tochter Laura, Deine Eltern, Deine Geschwister, Deine alten und neuen Freunde!

Für sie hoffe ich von ganzem Herzen, dass sie die Kraft haben, in der schönen und positiven Erinnerung an Dich ein wenig Trost zu finden. Und Dir, Dir wünsche ich da oben ganz viel Glück, dass es Dir gut geht. Ganz sicherlich wirst Du den Himmel bereichern, wirst Deine »10« anziehen und mit ein paar Jungs Fußball spielen. Und bestell bitte Yvonne viele liebe Grüße von uns, sie ist in deinem Alter und wohnt seit zwei Jahren dort oben.

Mutter einer Schulfreundin von Tobias

Lieber Papa, Du fehlst mir und allen anderen sehr doll. Wenn ich darüber nachdenke, dass Du nicht mehr bei uns bist, kommen mir manchmal die Tränen, aber manchmal stelle ich mir auch vor, wie es wäre, wenn Du noch hier wärest. Wenn Du noch hier wärest, wäre ich nicht auf dem Hölderlin-Gymnasium, Du wolltest nämlich, dass ich es nicht so schwerhabe. Wenn Du jetzt hier wärest, hätte ich andere Freundinnen von einer anderen Schule. Wenn Du noch hier wärest, wäre alles ganz anders. Ich müsste jetzt keinen Brief an Dich schreiben. Vielleicht säße ich jetzt genau in diesem Moment sogar neben Dir. Und wenn Du auferstanden wärest, würden wir uns umarmen und ich könnte Dich ganz feste drücken. Doch die Wirklichkeit sagt mir, nichts davon wird passieren. Stattdessen trauere und weine ich um Dich. Ich hoffe, dass es Dir oben im Himmel gut geht und Du Dich schon mit Michael Jackson angefreundet hast. Wenn ich darüber nachdenke, wie es mir geht, seitdem Du tot bist, würde ich sagen, es geht mir gut. Ich weiß selbst nicht warum, denn immer wenn ich traurig bin, glaube ich, der Papa will jetzt nicht, dass ich weine, denn Weinen hilft auch nicht. Und immer wenn ich ein Foto von uns beiden anschaue, dann fühle ich mich in die Situation hinein, und ich werde doch sehr traurig, denn ich sehe mein Lächeln auf dem Bild und diese Freude vermisse ich so doll.

Ich bin jeden Tag verwirrt. Frage mich, warum mir so was passieren musste und wie es Dir im Himmel wohl geht. Wenn ich in den Himmel komme, werde ich Dich doll drücken, so wie ich es in meinen Träumen mache. Ich hoffe, dass Dich dieser Brief glücklich macht und Du nun weißt, wie es mir geht, denn es hat mir sehr viel Spaß gemacht, diese Zeilen zu schreiben. Sie kommen einfach so aus mir heraus. Ich liebe Dich über alles.   *Laura – die Tochter*

Lieber Tobias, während ich diese Gedanken niederschreibe, liegt, wie vor zwei Jahren, als wir an Deinem Grab standen, hoher Schnee in unserer Stadt, und es ist klirrend kalt. Die Sonne durchdringt alles und lässt die verschneiten Straßen erstrahlen. Gestern stand der Sperrmüll vor der Türe. Deine Möbel, die keiner mehr gebrauchen konnte, wurden abgeholt. Diese armselige Ansammlung deiner Sachen am Straßenrand reicht, um mich in meine wiederkehrende Fassungslosigkeit zu stürzen. Bald lebst Du nur noch in uns, alles Sichtbare, was Dich ausgezeichnet hat, entzieht sich.

Was ist das, Trauer? Das seit meiner Schwangerschaft mit Dir Unvorstellbare – wie oft hatte ich mir damals vorgestellt, ich könnte Dich, mein heiß ersehntes Kind, wieder verlieren – habe ich überlebt. Die Frage wie, habe ich täglich neu zu beantworten, zu wechselhaft und fragil ist mein Empfinden. Noch heute.

In den ersten Wochen nach Deinem Tod spürte ich die Liebe zwischen Dir und mir als festes Band. Das half mir meine Verzweiflung auszuhalten. Für mich war es zuweilen so, als seiest Du, wie so oft zuvor, zu einer langen Reise aufgebrochen. Doch immer wieder holte mich das Unbegreifliche wieder ein, wurde mir grauenvoll bewusst: Was hatte ich alles an Dir und mit Dir verloren.

Nach den ersten Wochen und Monaten ohne Dich kämpfte ich darum, einfach nur zu überleben, erst im zweiten Jahr stellte ich mich wirklich den Fakten, musste begreifen: Du bist tatsächlich tot. Du kommst nicht zurück. Diese Wahrheit verwurzelte sich nur langsam in meiner Seele und mit ihr wuchs ein Gefühl der Wertlosigkeit und einer unbekannten Leere. Ich hatte nichts zu geben, ich war darauf angewiesen zu empfangen. Du weißt genau, wie fremd und unerträglich das für mich, die leidenschaftliche Organisatorin, war. Ich fühlte mich nicht eins mit meinem Leben.

So gerne würde ich Dich fragen: Empfindest du Dein Leben als vollendet oder habe ich mir diesen Eindruck nur zurechtgelegt, weil alles andere für mich unerträglich wäre? Wenn ich an Deine Art denke, zu lieben und Dich zu engagieren, dann kann ich einerseits nur zu der Bilanz kommen: Dein Tod ist reine Verschwendung. Wie unbegreiflich, dass Du in der Blüte Deines Lebens Deinen Platz als Vater, Sohn, Bruder, Freund, Arbeitskollege, als Mensch räumen musstest. Andererseits: Wenn ich die Jahre Deines intensiven Lebens betrachte, dann ist das Ergebnis, dass andere Menschen 90 Jahre brauchen, um diese Fülle zu erleben, die Du erfahren und gelebt hast.

Deine kleinen, lachenden Nichten auf meinem Arm sind meine Lebensretterinnen. Ihre Lebendigkeit und Wärme, ihr Duft und ihre Bedürftigkeit hauchen mir förmlich Leben ein und befreien mich immer wieder neu aus der Umklammerung des Todes.

Mit der Zeit wurde es für Deinen Vater und mich schwierig, einander zu trösten. Die Kraft ließ nach. Uns fehlten mit der Zeit die Worte, um unserer Trauer Ausdruck zu verleihen. Wir wurden stummer miteinander. Ich fühle mich immer wieder allein. Dazu kam, dass ich auf eine seltsame Art eifersüchtig auf ihn war:

In der ersten Zeit wurde er häufig voller Mitgefühl darauf angesprochen, dass er nun der einzige Mann unter lauter Frauen und Mädchen sei. Es wurde unterstellt, dass es für ihn als Mann unter Frauen nochmal schwieriger sein muss, seinen Sohn zu verlieren. Das rief große Anteilnahme hervor. Anfänglich teilte ich diesen Blick auf ihn, ich fühlte mich als Mutter auch stärker, irgendwie besser vorbereitet. Warum? Ich hatte Dich unter dem Herzen getragen, näher können sich zwei Menschen nicht kommen. Schon mit der Geburt musste ich lernen, mich von Dir zu trennen. Wir hatten also quasi damals schon das Freigeben ein wenig geübt. Ich konnte Dich stillen, in vielen Situationen nährend Deine Entwicklung begleiten. Diese mütterlichen Eigenschaften schienen mich nicht nur für Dein Leben, sondern auch für die Trennung durch Deinen Tod stark gemacht zu haben. Dein Tod erforderte sozusagen ein weiteres Loslassen. Ich musste erneut die Beziehung zu Dir neu gestalten und wenn ich selber sterbe, wird sich erneut alles verwandeln. So mein gedankliches Konstrukt. Dein Vater hatte das nicht so einüben können wie ich, ihm half dafür seine extrovertierte Art, sie verschaffte ihm die notwendige Zuwendung und Fürsorge durch unsere Freunde. Das war für mich zunächst in Ordnung.

Im zweiten Jahr wurde ich viel bedürftiger und einsamer. Hatte ich nicht doch viel mehr verloren als Dein Vater? Hatte Dein Vater sich nicht immer stärker den Mädchen zugewandt? Hatten Du und ich nicht diese besondere Nähe herstellen können? Ja, der Fußball verband Euch beide sehr, aber der Beruf, die Sorge um Laura, Deine Leidenschaft, in ferne Länder zu reisen, all das verband uns. Und wie oft hatten wir, wenn Du am Wochenende mit Laura bei uns warst, bis nach Mitternacht über all das geredet, fanden den Weg ins Bett nicht. Ich wollte nicht mit Deinem Vater darum ringen, wer mehr verloren hatte, aber ich sehnte mich danach, auch in meinem untröstlichen Zustand als Mutter gesehen zu werden. Mittlerweile hat all das seine Bedeutung verloren.

Heute erlebe ich Dich besonders intensiv bei meinen Besuchen an Deinem Grab. Hier, wo Dein Körper unsichtbar aber unaufhaltsam verwest, kann ich still werden. Hier begreife ich den Unterschied zwischen Wesentlichem und Unwesentlichem in meinem Leben.

Eine Frage stellt sich mir immer wieder: Wie sehr hast Du mich damals eigentlich geliebt? Ich weiß natürlich um Deine Zuneigung und Liebe zu mir, wenngleich es immer eine Grenze zwischen uns gab – wie sie zwischen Eltern und Kindern besteht. Wir hatten eben auch unterschiedliche Ansichten. Heute empfinde ich diese Grenze zwischen uns als aufgehoben. Du musst Dich nicht mehr vor mir und meiner Moral schützen. Deine große Liebe umgibt mich wohlwollend – in der ersten Zeit in spontanen, fühlbaren Begegnungen, später als integrierter Teil meiner Seele.

Du weißt, wie sehr ich versucht habe, Euch Kinder nicht zu sehr an mich zu binden. Durch Deinen Tod sind Deine Geschwister und wir Eltern näher zusammengerückt, auch wenn uns Tausende Kilometer zwischen Kanada und Deutschland trennten. So nah, wie es mir früher unvorstellbar erschien. Immer wieder frage ich mich, ob ich Deine Schwestern durch meine traurige Stimmung und mein Bedürfnis nach Nähe zu sehr an mich binde? Auf der anderen Seite habe ich Angst vor zu viel Nähe und Intimität, denn was, wenn ich noch ein Kind verlöre? Noch so ein Schmerz wäre nicht zu überleben. Mir ist sogar schon der Gedanke gekommen, für einige Zeit ins Ausland zu gehen, um mich durch Abgrenzung zu immunisieren. Ich will ja auch nicht, dass sich Deine Schwestern verantwortlich für uns fühlen. Sie sollen doch frei sein. – Mittlerweile hat sich die Häufigkeit unserer Kontakte gut eingespielt und ich bin zuversichtlicher, dass wir die richtige Balance zwischen Nähe und Distanz finden werden. Ich brauche einfach viel, viel Zeit, um mich an Deine Abwesenheit zu gewöhnen.

Du weißt, das erste und zweite Trauerjahr waren von extremen Erfahrungen geprägt. Einerseits erkrankten Deine Oma und meine Schwester, Deine Tante, bedrohlich, andererseits wurde ich mit Geschenken des Lebens überhäuft. Deine beiden Nichten, Alma und Paula, kamen gesund zur Welt. Sie werden Dich nie zu Gesicht bekommen, Frida jedoch, die Du kurz vor Deinem Tod per Skype kennenlernen konntest, erkennt Dich durch die Erzählungen Deiner Schwester auf jedem Foto so treffsicher, als hättest Du gerade erst das Haus verlassen.

Deine größte Freude wird sein, dass Dein bester Freund sich in die Tochter meiner verstorbenen Freundin verliebt hat. So bleibe ich auf diese Weise mit diesem wichtigen Menschen Deines Lebens verbunden. Wie dicht stehen Trauer und Freude nebeneinander, ohne dass das eine durch das andere aufgehoben wird.

Gerade wenn wir als Familie zusammen sind, erlebe ich beides: die ungebrochene Energie, mit der wir uns immer anstecken können, und daneben klafft Dein Fehlen wie eine tiefe Wunde in unserem Zusammensein. Deine innigen, spontanen Umarmungen, Deine humorvollen Kommentare, Dein fortwährendes nervöses Husten, Dein festes Auftreten, einfach Deine Art zu lieben, vermisse ich so sehr. Oft fragen wir uns, wie Du in unserer Situation reagieren würdest, und sind uns in unseren Einschätzungen erstaunlich einig. Meine anfängliche Angst, Dich in meinen inneren Bildern, Gedanken und Gefühlen zu verlieren, löste sich schon nach wenigen Wochen auf. Du hast neben dem abgrundtiefen Loch in meinem Herzen schnell einen neuen Ort gefunden. Das Loch bleibt, doch daneben ist Deine neue Heimat, die gefüllt ist mit Liebe, bunten Erinnerungen und regem Austausch. Du fühlst Dich fast so unruhig in mir an wie in Deinen ersten beiden Lebensjahren, in denen Du mich Tag und Nacht zu beschäftigen wusstest. Wie schön, dass Du Dich wie damals unvorhersehbar in mir meldest, egal ob ich alleine bin oder Menschen mich umgeben. Anders als zu Lebzeiten, ist es nicht mehr nötig, Dir mit Absprachen und Informationen hinterherzulaufen. Ich brauche Dich nicht zu suchen, Du suchst mich. Es ist für mich nicht berechenbar, was mich an Dich erinnert. Junge Niederländer, die erzählend an mir vorbeigehen, erinnern mich an Deine Bemühungen, Niederländisch zu sprechen, was ausgesprochen lustig klang. Der von Dir verehrte Kabarettist im Fernsehen bringt mich zu Dir. Du bist in meiner Trauer fast gegenwärtiger als zu Deinen Lebzeiten.

In der letzten Zeit kehre ich zu dem Gedanken der ersten Tage zurück: Du bist auf Reisen. Auf einer Reise bist Du gestorben und gleichzeitig hast Du Dich auf eine Reise mit für uns unbekanntem Ziel aufgemacht. Die Fremde als Ort Deines Todes passt zu Dir, der Du Dich nicht binden wolltest, der von Fernweh getrieben war, der Du allem Neuen mit Haut und Haar angstfrei, offen und neugierig gegenüberstandest. Dieses Fernweh hat sich als Letztes in Deinem Leben durch den Tod durchgesetzt. Deine Offenheit wird Dir auf Deiner Reise einen ungehinderten Zugang zu einer neuen Welt eröffnet haben. Jetzt bleibt mir zu beweisen, wie gut ich Dich lassen kann.

Eines hat sich in den letzten Wochen verändert und wird Dich mit Sicherheit erfreuen. Ich spüre wieder Erwartungen an mein Leben und versuche es aktiver zu gestalten. Vorsichtig entwickele ich erste neue Ideen. Du weißt, wie sehr ich die klassische Musik liebe, wie gern ich immer gesungen habe. Jetzt bin ich in einen großen Chor eingetreten. Das Getragenwerden und Aufgehobensein während einer Aufführung zwischen vielen verschiedenen Stimmen bei Beethovens Opus »Freude schöner Götterfunken« oder Bachs »Jesu meine Freude« in einem großen Konzertsaal, schenkte mir nach einem verzweifelten Silvesterabend 2012 einen kleinen Blick in Dein Reich der Ewigkeit. Eine unerwartete Verwandlung mitten im Alltag: Das Zusammenspiel von Orchester und Sängern, der Musik von Beethoven und den Texten von Schiller, die so viel mit meinem Leben zu tun hatten, verliehen mir eine unbekannte Zuversicht: »Seid umschlungen, Millionen! ... über dem Sternenzelt muss ein lieber Vater wohnen ...« Ich sang mit all meinen Kräften, aus tiefster Überzeugung, nur eine Stimme von vielen – und fühlte mich plötzlich zuversichtlich und fröhlich. Was für ein Geschenk!

Deine endgültige Abwesenheit lässt mich auch sorgsamer mit mir umgehen. Bewusste Ruhephasen, die Stille in der Natur, Freunde, die sich mir aufmerksam zuwenden, meine innere achtsame Stimme, die ich früher gerne verschiedensten vermeintlichen Verpflichtungen geopfert habe, gehören zu meinem neuen Leben. Ich wähle sehr bewusst aus, was heilsam für mich ist. Laute Großveranstaltungen meide ich tunlichst, meine Leidenschaft zu tanzen will noch nicht in Gang kommen, was ich auch noch nicht vermisse. Mein Temperament bleibt gedämpfter und vorsichtiger, vielleicht sogar sanfter und meine moralisch gefärbten Haltungen machen einer inneren Großzügigkeit und Gelassenheit Platz. Wahrscheinlich würde es Dir gefallen, dass ich in meinen Meinungen eindeutiger und unmissverständlicher geworden bin.

Manchmal glaube ich, in meinem neuen Lebensgefühl besser zu verstehen, wie es einer Asylsuchenden in unserem Land gehen muss. Sie sucht Anschluss in einer normalen, aber für sie neuen und fremden Gesellschaft, und so richtig will es ihr nicht gelingen. Sie braucht viele, viele Jahre, um sich zu integrieren, und lebt derweil auch in ihrer Subkultur weiter. Denn dort ist sie sicher, dort weiß sie sich verstanden, wird nicht überfordert und kann sie selbst sein.

Du kannst Dich freuen, in den letzten Monaten sind auch kleine und größere Wunder geschehen, die vor zwei Jahren noch unvorstellbar erschienen. Laura bekommt in wenigen Monaten ihr lang ersehntes Geschwisterchen, ihre Mutter hat Deinen langjährigen Freund und den von Dir ausgewählten Patenonkel geheiratet.

Laura ist in eine neue Ordnung aufgenommen, der Altvertrautes innewohnt, ihr viele Erinnerungen an Dich bewahren wird und von langer Hand eingefädelt scheint.

Ich habe bereits in den ersten Tagen Deines Lebens in meinem Leib gewusst, dass Du da bist. Zu Neujahr 1980 hörte ich den Vers Lukas 1,38: »Mir geschehe nach deinem Wort!«, sagte Maria zu dem Engel, der ihr die Geburt Jesu, ihres Sohnes, verkündete. Dieser Hinweis gab mir damals die unerschütterliche Gewissheit Deiner Gegenwart. Mit dieser Botschaft entwickelte sich unsere dreißigjährige Liebe, für die ich Dir unendlich dankbar bin. So ungeplant, wie Du in mein Leben tratest, so unerwartet tatest Du Deinen letzten Atemzug. In diesem unerträglichen Schrecken traf mich ein Satz aus der Bibel: »Noch heute wirst du mit mir im Paradiese sein!«, sagt Jesus zu einem der Mitgekreuzigten. Und wieder überfiel mich eine unumstößliche Gewissheit: Du bist zwar weg, aber Du bist nicht fort. Du bist gut aufgehoben an einem unbekannten Ort, als sei der Tod die Vollendung Deiner Geburt. – Für mich zeigen sich in diesen Botschaften Engel. Bleib Du ein solcher Engel für uns.

Kierkegaard sagt: »Das Leben ist nur im Rückblick zu verstehen und mit Zuversicht zu meistern.« Es wird mir sicherlich niemals möglich sein, Deinen Tod, mein geliebter Sohn, zu verstehen, dennoch bin ich auf einem Weg, der sich zwar immer wieder als traurig und anstrengend, aber nicht mehr als trostlos erweist in der Gewissheit, die Liebe zu Dir hört niemals auf, sie allein schafft es bis zu Dir in die Ewigkeit. *Bernadette – die Mutter*

Lieber Tobias, bald sind drei Jahre seit der größten Erschütterung meines bisherigen Lebens vergangen. Für die meisten Menschen meiner Umgebung ist Dein Tod Geschichte, und ungläubig wundern sie sich, dass das »schon so lange her« ist. Für mich ist es gerade erst geschehen, der Verlustschmerz hat nur geringfügig nachgelassen, und er kehrt mitunter mit seiner ganzen Macht zurück, wie und wann er will, unabhängig von der Jahreszeit, dem Wetter, der allgemeinen Stimmungslage. Dann vermag er mich immer noch aus dem Tritt zu bringen, raubt mir die Lebenskraft, bestimmt meine Gegenwart, und ich kann mich kaum gegen seine Übermacht wehren. Unmissverständlich wird mir klar, dass mein Leben, so wie es war, zerbrochen ist.

Dennoch fühle ich mich herausgefordert, dieses Leben unter veränderten Bedingungen weiterzuleben, diese neue Wirklichkeit anzuerkennen, anzunehmen und diesen verbliebenen Bruchstücken eine Wiederbelebung entgegenzusetzen. Ich bin zuversichtlich, dass sich irgendwann einmal das Zerbrechen in ein Aufbrechen wandeln wird.

Denn schon jetzt ist alles anders geworden: Die Beziehungen innerhalb unserer Kernfamilie müssen neu austariert, der Alltag muss bewältigt, die Trauer als eine ständige Begleiterin akzeptiert werden. Das Lebensglück, das mir über viele Jahre treu zur Seite stand, ist in den Hintergrund geraten.

Viele Monate war ich vollauf damit beschäftigt, das Unfassbare zu fassen, und habe bis heute den Eindruck, dass es mir kaum gelingen mag.

Feste und Feiern mied ich, weil sich ohnehin keine Freude einstellen mochte, zu Aktivitäten in meiner Freizeit fehlte überwiegend die Energie. Ich beweinte Dein Fehlen nahezu täglich, Erschöpfung und Müdigkeit kennzeichneten mein Lebensgefühl. Viele Tage brachte ich lediglich hinter mich, die Kraft reichte allein für die berufliche Tätigkeit und war dann auch verbraucht. Die Struktur meines Lebens erhielt ich aufrecht, sie erleichterte mir, die Tage zu schaffen.

Im ersten Jahr galt es, mich an das Unausdenkbare heranzutasten. Es stand für mich niemals infrage, diesen Kampf um das Überleben aufzunehmen. Die innere Lähmung, die Antriebslosigkeit, die fehlende Zukunftsplanung auf Dauer hinzunehmen, passte nicht zu mir. Irgendwann, so meine Vorstellung, würden sich Lebenskraft und -freude womöglich von alleine wieder einstellen. Ich müsste mich nur gedulden und auf ihre Rückkehr in mein Leben warten, und dazu war ich bereit.

In meinem Inneren ringen immer wieder zwei Stimmen miteinander, die beide gehört werden wollen und die sich gegenseitig zu übertönen versuchen. Die eine rät mir, mein Geschick anzunehmen, um mich nicht aufzureiben und Ruhe zu finden, die andere erhebt Einspruch und fordert, diesen Tod meines Sohnes nicht anzunehmen und dagegen zu protestieren, solange ich lebe. Beide Stimmen bedrängen mich immer noch.

Gleichwohl meldete sich das Glück schneller, als ich es für möglich gehalten hatte, zurück. Deine drei Schwestern bestanden wichtige Prüfungen, verfolgten ihre akademische Laufbahn, gingen erste Schritte ins Berufsleben, fanden die richtigen Partner, schenkten Kindern das Leben, verstanden es, trotz ihrer eigenen Traurigkeit über den Verlust des Bruders, sich den schönen Seiten des Lebens zuzuwenden.

All diese Erlebnisse verfolgte ich aus nächster Nähe und freute mich an ihnen. Ich hatte den Eindruck, das Glück, das vor Deinem Tod wie ein zuverlässiger Freund an meiner Seite war, würde seinen Siegeszug unbeeindruckt fortsetzen.

Allerdings vermochten die zahlreichen glücklichen Momente die Trauer um dich, meinen geliebten Sohn, nicht aufzuwiegen, noch nicht einmal zu reduzieren. Es schien mir eher, dass Glück und Trauer in meinem Leben unverbunden nebeneinanderstehen. Die Trauer hat nicht die Macht, mein Glücksempfinden zu beeinträchtigen noch mir die Freude an den schönen Momenten zu nehmen. Das Glück wiederum besitzt weder die Kraft, meiner Trauer die Schwere zu nehmen, noch ihr auch nur ansatzweise einen Platz am Rand meines Lebens zuzuweisen. Manchmal zweifle ich, ob ich überhaupt will, dass die Trauer um Dich aus meinem Leben verschwindet. In der Trauer spüre ich Dich weiterhin intensiv, Du bleibst in meinen Gefühlen und Gedanken gegenwärtig, in meinen Tränen weiß ich mich mit Dir verbunden. Immer wieder beschleicht mich die Angst, Du könntest irgendwann einmal in Vergessenheit geraten, das Leben könnte seinen Gang nehmen, und es fiele überhaupt nicht auf, dass Du fehlst.

Ich stelle mir vor, wie es wäre, wenn Du eines Tages aus dem kollektiven Familiengedächtnis verschwinden würdest. Jetzt schon kennen Dich drei der vier Enkeltöchter nicht persönlich, weitere werden folgen und dich auch nur vom Hörensagen kennen. Wirst Du eines Tages nur noch eine Notiz in der Familienbiografie sein? Wie gestaltet sich meine und unsere Beziehung zu Dir, wenn zehn, zwanzig und mehr Jahre vergangen sein werden? Wie werde ich mit Dir in Berührung bleiben? Welche Geschichten werden die zahlreichen Fotos, die ich im Laufe Deines Lebens von Dir aufgenommen und gewissenhaft archiviert habe, dann noch erzählen? Und wen interessieren sie noch – außer mich selbst, deine Mutter und vielleicht deine Schwestern. Ganz zu schweigen von den Geschichten, die ich in meinem Inneren gespeichert habe, die ich erzähle, um sie vor dem Vergessen zu bewahren, und die sich womöglich doch nach und nach von ganz allein löschen.

Eines Tages wird auch das Aftershave nicht mehr erhältlich sein, das ich so gerne benutze, weil ich es in Deiner Wohnung fand, bevor wir sie auflösen mussten, und von dem ich stets neue Flakons kaufe, weil Du mir über diesen

Geruch nahe bist. Vielleicht sind auch die Musik-CDs, die ich bei Dir fand, bald überholt, sodass ich sie nicht mehr hören werde. Deinen Teddybären aus der Kindheit halte ich in Ehren, was mag aus ihm werden, wenn ich selbst nicht mehr da bin? Die wesentlichen Dokumente, die so manches über Dich erzählen, sind in einigen Kartons verstaut und für Laura aufbewahrt, für den Fall, dass sie einmal Interesse daran haben wird.

Lange habe ich überlegt, ob ich mir entgegen meiner bisherigen Ablehnung ein Tattoo mit Deinen Initialen ganz dezent am Knöchel stechen lassen soll, um Dich immer bei mir zu haben, sozusagen in meine Haut eingeritzt. Daran kannst Du ermessen, wie groß meine Sehnsucht nach tiefer Verbundenheit mit Dir ist. Ich habe aber doch einen anderen Weg gewählt: Dein Name ist nun in meinen Ehering graviert. Du gehörst so, bis man diesen Ring nach meinem Tod abstreifen wird, fest zu mir.

Auch Dein Grab, das wir liebevoll pflegen, wird in ein paar Jahrzehnten nicht mehr existieren. Mit Grauen erinnere ich mich noch daran, als wir den Grabstein für Dich aussuchten und uns die Trauer urplötzlich überflutete. Wir standen inmitten Hunderter Grabsteine, um einen passenden auszusuchen, und zugleich fühlten wir uns zur falschen Zeit am falschen Ort. Das war kein Ort, an dem die Eltern eines jungen Mannes stehen sollten! Aber wir standen dort – und hatten das Gefühl, wir besiegelten Deinen Tod endgültig.

Unsere Liebe wird weiter bestehen, auf andere Weise lebendig bleiben, und vielleicht werden wir uns eines Tages entgegen meinen jetzigen Zweifeln in einer Weise umarmen, die alles übersteigt, was ich mir je unter Umarmungen vorgestellt habe.

Jedes Mal, wenn ich im Urlaub eine orthodoxe Kirche betrat und beobachtete, wie die Christen eine Ikone küssten, befremdete mich das sehr. Jetzt, wenn ich mich selbst beobachte, wie ich ein Foto, das Dich zeigt, küsse, ist alles Befremden verschwunden.

Lieber Tobias, seit Deinem Tod hat sich mein Leben sehr verändert. Vieles ist nicht mehr so wichtig, der Tod hat den Schrecken für mich verloren, tiefgründige Beziehungen bedeuten mir viel, das Tempo meines Lebens hat sich merklich und wohltuend verlangsamt, weitere schwere Lebensetappen halte ich für gut möglich, ohne mich wirklich darauf vorbereiten zu können.

Ich erwarte aber weiterhin viele glückliche Erlebnisse, weil meine Freude am Leben nicht zerbrochen ist. Und sicher ist: Du bist dabei.

Klaus – der Vater

Lieber Tobi, nun ist Paula schon ein halbes Jahr alt. Sie ist unser Sonnenschein, so lebendig und aufgeweckt. Ihr Lachen steckt uns an, und es ist eine riesige Freude, ihr beim Großwerden zuzuschauen. Wie sehr hatte ich mich darauf gefreut, Dich einmal als Onkel meiner Kinder erleben zu dürfen. Oft kam der Gedanke, wenn ich mal wieder auf Laura aufpasste: »Wird Tobi auch mal auf meine Kinder aufpassen oder Ausflüge mit ihnen unternehmen?« Ich hatte mich darauf gefreut und war sehr neugierig, wie Du Dich in dieser Rolle anstellen würdest. Ich war mir in jedem Fall sicher, dass Du es sein würdest, der meinen Kindern die Natur nahebrächte. Ich sah Euch am Teich nach Fröschen suchen. Alle Kinder würden um Dich stehen und Dir mit großen Augen zuhören.

Doch nun muss Paula ohne Dich groß werden und darf Dich nicht mehr kennenlernen. Ich bin traurig darüber, dass sie Dich nur aus Erzählungen und Fotos erleben wird.

Persönlich wird sie Dich nie in Erinnerung haben können, sie wird nur eine grobe Vorstellung davon haben, wie Du wohl gewesen sein könntest.

Seit Deinem Tod habe auch ich Angst, dass Paula einmal etwas zustoßen könnte. Unfall, Krankheit, was auch immer. Diese Gefahr entdecke ich zurzeit überall, mal zu Recht, meistens aber zu Unrecht. Was wird, wenn sie alleine unterwegs sein wird? Wie kann ich sie vor Gefahren schützen, ohne mit ständiger Angst leben zu müssen?

Du bist nun meine Lösung, lieber Tobi. Du sollst ihr Schutzengel sein, ihr ständiger Begleiter. Wo sie auch ist, bist Du in ihrer Nähe und hältst Deine Hand über sie. Dich beschützend an ihrer Seite zu wissen, nimmt mir etwas Sorge und gibt mir ein gutes Gefühl.

Wir waren schon oft zusammen an Deinem Grab. Ich komme sehr gerne zu Dir. Meistens muss ich irgendetwas tun: Blumen gießen, Laub entfernen, eine Kerze aufstellen oder einfach nur den Dreck von der Grabumrandung wegfegen. Ich kann nicht gut einfach nur dastehen und auf Dein Grab schauen. Dann werde ich wieder traurig. Trotzdem tanke ich auf, wenn ich bei Dir bin. Inzwischen leert sich der Tank auch nicht mehr ganz so schnell wieder. Vermutlich sind es Paula und auch Laura, die dafür sorgen. Sie sind so voller Leben. Das hilft.

Ich versuche zu begreifen, dass die Trauer um Dich nicht verschwinden wird. Sie wird mich begleiten, bis wir uns wiedersehen. Wie ich sie in mein Leben integrieren kann, ist für mich auch heute noch nicht ganz klar. Ich stehe noch in Verhandlungen mit ihr und hoffe auf einen fairen Kompromiss. Noch möchte sie zu oft dominieren. Ich hoffe, irgendwann werde ich sie in den Griff bekommen und sie positiv nutzen, um bei Dir zu sein. Ich vermisse Dich sehr.

Esther – eine Schwester

Lieber Tobi, die zahlreichen Anforderungen des Alltags sowie die Verantwortung für unsere beiden Töchter dominieren mein Handeln und Denken und haben mich mit aller Wucht und schneller als gedacht wieder zurück ins pralle Leben gerissen. Neben der Geburt unserer zweiten Tochter stand im zweiten Trauerjahr außerdem der transatlantische Umzug von Montreal nach Berlin an, den wir seit geraumer Zeit geplant hatten. Ich hatte meine Doktorarbeit erfolgreich absolviert und auch Frédéric fühlte sich dazu bereit, nach Berlin, wo wir uns einst kennengelernt hatten, zurückzukehren. Dein Tod hatte den Wunsch nach Nähe zu unserer Familie deutlich verstärkt und mir bewusst werden lassen, dass ich mich auch aufgrund der Ferne seit einigen Jahren zu einem gewissen Grad vom Familiengeschehen abgeschnitten fühlte. Während ich diesem Gefühl durchaus auch Positives abgewinnen konnte und die Abgeschiedenheit von der Großfamilie bisweilen genoss, so wünsche ich mir nun, das zerbrochene Familiengefüge durch unsere Wiederkehr und die Geburt unserer Kinder beleben zu können. Auch hatte ich Angst, fernab und losgelöst vom Kontext wiederholt erleben zu müssen, dass ein weiteres Familienmitglied uns unangekündigt und urplötzlich verlassen könnte.

Die dunklen Gedanken über die Sinnhaftigkeit unseres Lebens, die mich im ersten Trauerjahr immer wieder schüttelten, nahmen zwar im zweiten Trauerjahr ab, tauchen jedoch bis heute immer mal wieder und ganz unerwartet auf und fordern mich heraus. Sie erinnern mich an unsere Vergänglichkeit und motivieren mich dazu, mit all meinen Sinnen im Hier und Jetzt zu sein und mich auf die Kostbarkeit des Diesseits zu besinnen. Denn auf die Frage, was nach unserem irdischen Leben kommt, habe ich bis heute keine Antwort gefunden.

Auch die Sorge, unsere Eltern könnten an Deinem Verlust zerbrechen, ließ nach. Sie wirkten mit der Zeit gefestigter und erneut handlungsfähig. Es schien, als hätten sie zu einer Zuversicht zurückgefunden, die es ihnen ermöglicht, sich auch von den schönen Seiten des Lebens wieder verzaubern zu lassen und in eine warme Zukunft zu blicken. Das kollektive Trauern wurde weniger und auch das Gefühl, unsere Eltern in ihrer Trauer auffangen oder trösten zu müssen, schwand.

Des Öfteren beschäftigte mich in den vergangenen Monaten, dass die Intensität, mit der insbesondere unsere Eltern und unsere jüngste Schwester Deinen Verlust erlebten, sich von der meinen unterschied. Sowohl die geografische Distanz, die in den letzten Jahren zwischen Dir und mir lag als auch die menschliche Distanz, die seit klein auf unsere Beziehung dominierte, erleichterten es mir, den Weg zurück ins Leben zu finden. Seit Jahren war ich es gewohnt, meinen Alltag ohne Dich, meinen großen Bruder, zu gestalten, und bekam viele Deiner letzten Entwicklungen sowie Vorkommnisse, in denen Du eine aktive Rolle spieltest, lediglich durch Erzählungen überliefert. Manchmal bekam ich Schuldgefühle, wenn ich auf Nachfragen erklären musste, dass ich Dich zwar als Teil unseres Familiengefüges vermisste, aufgrund unserer wenigen Berührungspunkte hingegen selten als konkreten Bestandteil meines Alltags. Außenstehende rechneten mit dieser Antwort meist nicht, sodass ich begann, den Kontext unserer Beziehung zu schildern, um nicht missverstanden zu werden. Ich lernte, zu akzeptieren, dass ich anders oder vielleicht auch weniger trauern darf, ohne das Gefühl haben zu müssen, ich sei kalt oder emotionslos oder etwa als verdränge ich einen Teil meiner Geschichte. Vielmehr verstand ich, dass die Trauer unmittelbar mit der Beziehung zum Verstorbenen verschränkt ist und einem intimen und dynamischen Prozess unterliegt, der für jeden Menschen unterschiedlich verläuft und seine Kraft immer wieder neu und unerwartet entfalten kann. Jeder von uns hat sich seinen eigenen Weg gebahnt, um seine Trauer zu leben und in sein Leben zu integrieren.

Immer wieder stelle ich mir die Frage, wie sich unsere Beziehung wohl mit den Jahren entwickelt hätte. Vielleicht hätten sich unsere Lebenswege irgendwann wieder öfter gekreuzt und unsere Beziehung hätte an Tiefe und Vertrautheit gewonnen. Seitdem ich denken kann, ist unsere Beziehung distanziert, wir hatten kaum gemeinsame Interessen und besonders in der Kindheit und frühen Jugend erschwerten immer wieder neue Konflikte unser Miteinander, was dazu führte, dass wir uns, wenn möglich, aus dem Weg gingen. Erst in den letzten Jahren war unsere Beziehung etwas aufgetaut. Wir kommunizierten wie Erwachsene miteinander und gaben uns Mühe, trotz geografischer Distanz, Kontakt zu halten, indem wir uns hin und wieder mailten. Wir sahen uns meist im familiären Kontext, wenn ich fast jährlich zu Besuch in Deutschland war. Dennoch bliebst Du mir bis zuletzt fremd. Ich schätzte Dich für Deinen Humor und Deinen Mut, auch mal über die Stränge zu schlagen. Dein heiteres, ungehemmtes Lachen liegt mir noch heute im Ohr und lässt mich schmunzeln. Insgesamt gab es jedoch wenige Dinge, die uns verbanden, außer eben, dass wir Geschwister waren.

In dieser Fremdheit warst und bist Du nach wie vor Teil meines Lebens. Und wenn ich ganz still werde und der Alltag aufhört, sich für einen Moment zu drehen, dann sehe ich Dich vor mir: einen attraktiven, jungen Mann mit kraftvoller Stimme und voller Tatendrang. Dann wird der Verlust wieder spürbarer.

Ich vermisse Dich, wenn ich zu unseren Eltern nach Köln

fahre und es um den Tisch merklich stiller bleibt als sonst. Dann fehlt Deine selbstbewusste Erscheinung und Dein heiteres Gemüt, das unser Zusammensein einst belebt hat. Auch wenn Laura eine ihrer legendären Tanzaufführungen präsentiert und Deine heiteren Beifallsrufe und spitzen Kommentare ausbleiben, schmerzt die Stille, die Deinen Platz eingenommen hat, und Dein Tod scheint so unfassbar wie am ersten Tag. Und wenn ich meiner älteren Tochter ein Bild von Dir, ihrem Onkel, zeige und sie Deinen Namen mit ihrer zarten Stimme vorsichtig ausspricht, schmerzt die Gewissheit, dass Du ihr nur über verblassende Erzählungen und Bilder, die bis zu Deinem dreißigsten Lebensjahr reichen, überliefert werden wirst, sie Dich aber selber nie kennenlernen wird. Und wenn mir bewusst wird, dass dein Tod Endgültigkeit bedeutet und der Wunsch nach einer innigen Schwester-Bruder-Beziehung für immer unerfüllt bleiben wird, dann traure ich um meinen Bruder, der sich meiner Welt entzogen hat, bevor ich ihn wirklich kennenlernen konnte. *Rebecca – eine Schwester*

Mein lieber Bruder, Dein zweiter Geburtstag in Deinem neuen Leben ist nun schon fast ein halbes Jahr her. Dein Tod markiert eine neue Zeitrechnung in meinem Leben. Es gab mein altes Leben, mit Dir als irdischem Bruder, und nun gibt es mein neues Leben, mit Dir als Schutzengel und transzendentem Begleiter. Seitdem Du nicht mehr da bist, ist viel passiert, wenngleich sich zweieinhalb Jahre ohne Dich wie zweieinhalb Monate anfühlen. Auch wenn meine Beziehung zu meinem Partner, zu unseren Schwestern und Eltern seit Deinem Weggang so intensiv wie nie zuvor ist, macht mich diese Tatsache manchmal wütend. Es fühlt sich dann an, als hätte ich Dich hergeben müssen, um meinem Partner, unseren Eltern und Schwestern näher denn je kommen zu dürfen. Wenngleich ich zutiefst dankbar für unsere Familie bin, kann und will ich Deinem Tod nichts Positives abgewinnen. Doch meine Trauer um Dich hat sich in vielerlei Hinsicht verändert:

Unsere Familie und mein Partner sind der Ort, an dem Du durch Gespräche lebendig wirst. Doch Du bist nicht mehr das alleinige Thema in unserer Familie, wie es in den ersten Monaten nach Deinem Tod war. So verkörpern unsere mittlerweile zur Welt gekommenen Nichten das pure Leben. Sie bringen der ganzen Familie Lebensfreude. Aber immer spüre ich: Du bist mitten unter uns.

Die Einsamkeit in der Trauer nimmt mit der Zeit zu. Freunde und Bekannte fragen nicht mehr nach, was ich gut verstehen kann. Denn ihr Leben geht ganz anders weiter als meins. Dass es nahestehende Menschen gibt, die sich bis heute kein einziges Mal erkundigt haben, wie es mir geht, habe ich akzeptiert. Anfangs hat es mich oft wütend gemacht, dass andere Menschen vermeintlich die Wahl hatten, ob sie sich mit meiner Trauer und meinem Leid auseinandersetzten oder nicht, wohingegen ich keine Wahl hatte, mich dem Schmerz um Dich zu entziehen. Ich habe mittlerweile verstanden, dass manche Menschen das Leid anderer nicht sehen wollen oder können, sei es aufgrund persönlicher Grenzen, Ängste oder aus Motiven, die ich nicht verstehen muss.

Anders als in den ersten Monaten kann ich die Trauer meist kontrollieren, damals war es umgekehrt. Auch wenn es immer mal wieder Situationen gibt, die Dich »ungeplant« lebendig werden lassen und für die ich sehr dankbar bin, wie zum Beispiel, wenn meine zweieinhalbjährige Nichte Frida mit einem Foto von Dir zu mir gelaufen kommt und sagt: »Tobi ist im Urlaub!«, oder wenn ich im Stadion des 1. FC Köln bin und kölsche Musik läuft.

Mit der Koexistenz von Trauer und Leben finde ich zunehmend meinen Frieden. Erinnerungen an gemeinsame Kindheitserlebnisse spenden mir dabei Kraft und Energie, wenngleich Deinem Lebendigwerden in diesen Geschichten zumeist das brutale Bewusstwerden Deines Todes folgt. So erinnere ich mich gerne an unser Schneeballwerfen auf große Glasfronten eines Restaurants, hinter denen vornehme Herrschaften genüsslich speisten, und an die anschließende Jagd des Gastwirts auf uns. Wir sind lachend und voller Adrenalin um unser Leben gelaufen. Glücklich macht mich auch, daran zu denken, wie Du mich eines Abends ganz alleine besucht hast, als ich im Grundschulalter im Kinderkrankenhaus lag. Du warst ganz alleine mit der Bahn zu mir gefahren. Stolz war ich, dass Du, mein großer Bruder, diesen Weg für mich auf Dich genommen hast. Untrennbar verbunden mit diesen Erinnerungen ist der Schmerz darüber, dass ich Dich eben nur noch durch Erinnerungen, nicht aber durch gegenwärtige Erlebnisse lebendig werden lassen kann.

Papa nimmt Deinen Tod als Maßstab für alles Leid in seinem Leben. Alles Negative misst er an Deinem Tod. Diese Relativierung hilft auch mir oftmals, mich nicht zu verlieren in den kleineren und größeren Problemen dieses Lebens. Doch je mehr ich mich wieder auf das Leben einlasse, desto stärker wachsen auch Ängste und Sorgen in mir, die durch Deinen plötzlichen Weggang ausgelöst wurden. Vorfreude zu leben, fällt mir schwer. Ich fühle mich oft von meinem Verstand kontrolliert, der Warnsignale mit Blick auf mögliche Schicksale aussendet. Mittlerweile gelingt es mir immerhin zeitweise, diese Warnsignale auszuschalten und mich bewusst der Vorfreude auf kommende Ereignisse zu widmen.

In den ersten Monaten nach Deinem Tod habe ich gewartet. Gewartet auf etwas Nicht-Greifbares, Nicht-Vorstellbares. Ich hatte ein stetes Gefühl des Wartens, ohne zu wissen, worauf. Vielleicht war es ein Hoffen auf Erlösung von den tiefen seelischen Schmerzen, die ich auch körperlich spürte. Vielleicht war es ein Warten darauf, dass sich alles als Irrtum herausstellt. Vielleicht war es aber auch ein Warten auf die Rückkehr von Zuversicht und Lebensfreude, die sich erst nach vielen Monaten ganz langsam und schleichend reaktivierte. Heute hat sich dieses Gefühl konkretisiert in eine Gewissheit, die mir sagt, wir sehen uns wieder – nachdem ich mein Leben gelebt und in vollen Zügen genossen habe. Und bis es so weit ist, weiß ich, Du, mein geliebter Bruder, bist bei mir: in meinen Träumen, als umherschwirrender Geist, in der Natur, in der Musik, in der Eucharistiefeier, in Erinnerungen und in meinem Herzen. Denn ich bin ganz gewiss: Im Himmel geht's weiter.

Lea – eine Schwester

Trost in der Trostlosigkeit

- **Trauernde** sorgen sich, die Verbindung zum Verstorbenen könne eines Tages abreißen. Darum benötigen sie die Trauer als beständige und intensive Form der Beziehung.
- Trauernde spüren kaum Initiative, auf andere Menschen zuzugehen.
- Trauernde als Familie stehen vor der Aufgabe, ihre Beziehungen zueinander der neuen Realität entsprechend zu gestalten.
- Trauernde als Paar benötigen gegenseitige Toleranz und Einfühlung, um die ungleichzeitigen und unterschiedlichen individuellen Ausdrucksformen der Trauer als Bereicherung ihrer Beziehung zu begreifen.

- **Tröster** stellen sich darauf ein, dass tiefe Trauer sowie ansteckende Heiterkeit der Trauernden sich oft unerwartet abwechseln.
- Tröster lernen aus der geduldigen Begleitung der Trauernden die Gefühle von Glück und Trauer im eigenen Leben wahrzunehmen, anzunehmen und ihnen Raum zu geben.
- Tröster gewinnen somit für sich selbst neue Impulse für ihre Auseinandersetzung mit dem Sinn des Lebens.

Dank

Danken möchten wir an erster Stelle allen Verwandten, Freunden und Bekannten, die uns mit ihren Briefen, E-Mails und unzähligen Aufmerksamkeiten tröstend nahe waren, die immer wieder Geduld und Ausdauer bewiesen, diese Last mit uns auszuhalten. Sie waren die Initiatoren dieses Buches. Ohne diese Trost spendenden Gedanken, Gedichte, Blumen und Einladungen wären wir nicht auf die Idee gekommen, unser Erleben nach dem Tod des Vaters, Sohnes und Bruders aufzuschreiben.

Danken möchten wir auch unserer Lektorin, Evamaria Bohle, die uns Mut machte, dieses Buch zu schreiben, die uns aufsuchte, wenn wir begannen, an unseren Fähigkeiten zu zweifeln.

Uns als Familie hat diese Zeit des Schreibens und der Austausch trotz auftauchender Zweifel ob unseres Unterfangens, gutgetan. So erhielten wir die einmalige Gelegenheit, viel voneinander zu erfahren und zu lernen, sowie den Beweis, wie einflussreich geliebte Menschen über den Tod hinaus bleiben.

Hintergrund der AutorInnen

Bernadette Rüggeberg, 1955 in Köln geboren, begann ihre berufliche Laufbahn als Dipl. Sozialpädagogin in der Arbeit mit alkohol- und medikamentenabhängigen Frauen. 1991 wechselte sie zum SKF in die Beratung von Frauen im Schwangerschaftskonflikt und begegnete dort häufig Erfahrungen von gebrochenem Leben, von Verlust und Trauer. Im Jahr 2000 schließlich wurde sie Geschäftsführerin eines Sozialverbandes in NRW, der sich zum Ziel gesetzt hat, Schwangerschaftskonfliktberatungsstellen fachlich zu begleiten und politisch zu unterstützen. Ihre vier Kinder, ein Sohn und drei Töchter, kamen zwischen 1980 und 1986 zur Welt.

Klaus Rüggeberg wurde 1955 in Köln geboren und arbeitet seit 1981 als Pastoralreferent und Theologe, zuerst in der Gemeindeseelsorge, von 1991 bis 2003 in einem städtischen Krankenhaus. 2003 setzte er seine pastorale Tätigkeit im Kinderkrankenhaus und in einer Klinik für Kinder- und Jugendpsychiatrie und -psychotherapie fort. Im Alltag des Krankenhauses begegnet er täglich leidenden Menschen. Die Fragen nach Trauer und Trost angesichts von körperlichem und seelischem Leid fordern ihn stets aufs Neue heraus.

Rebecca Rüggeberg
Rebecca wurde 1982 als zweites Kind geboren. Sie lebt nach verschiedenen längeren Auslandsaufenthalten seit einem Jahr mit ihrem Partner Frédéric, ihrer 3 Jahre alten Tochter Frida und ihrer 15 Monate alten Tochter Alma in Berlin. Nachdem sie ihre Promotion an der Concordia

Universität in Montreal abgeschlossen hat, widmet sie sich derzeit einer Ausbildung zur Verhaltenstherapeutin.

Esther Rüggeberg
Esther wurde 1984 als drittes Kind geboren. Ihr Partner Constantin und sie leben mit ihrer einjährigen Tochter Paula seit drei Jahren in Köln. In einem Zentrum für emotional beeinträchtigte Kinder arbeitet sie als Sozialpädagogin und absolviert eine berufsbegleitende Ausbildung zur Kinder- und Jugendpsychotherapeutin.

Lea Rüggeberg
Lea wurde 1986 als jüngstes Kind geboren und arbeitet als Lehrerin in den Fächern Englisch, Geschichte und Katholische Religion an einem Gymnasium. Sie lebt mit ihrem Ehemann Alexander seit vier Jahren in Aachen und wohnte in unmittelbarer Nähe zu ihrem verstorbenen Bruder.

Laura C.
2001 in Köln geboren, ist die Tochter des Verstorbenen. Sie besucht die 7. Klasse eines Gymnasiums und lebt mit ihrer Mutter, ihrem Patenonkel – dem Ehemann ihrer Mutter – und ihrer kleinen Schwester in unmittelbarer Nähe zu den Großeltern.

Kontakt: ploetzlich.tot@gmail.com

Das Paarbuch für trauernde Eltern

Roland Kachler /
Christa Majer-Kachler
**Gemeinsam trauern –
gemeinsam weiter lieben**
Das Paarbuch für
trauernde Eltern
224 Seiten | Paperback
ISBN 978-3-451-61171-1

Der Tod eines Kindes ist für Eltern eine Katastrophe. Zerbricht daran auch die Partnerschaft? Roland Kachler und Christa Majer-Kachler kennen diese Frage aus eigener Erfahrung. Sie zeigen Wege auf, wie sich die unterschiedliche Trauer der beiden Partner zu einem Ganzen finden kann. Dabei darf das verstorbene Kind weiterhin zum Leben des Paares gehören. Einfühlsam unterstützen sie Paare auf dem gemeinsamen Trauerweg hin zu einer neu gelingenden und vertieften Partnerschaft.

In allen Buchhandlungen oder unter
www.kreuz-verlag.de
Was Menschen bewegt